JN209390

世界魚類神話

篠田知和基

世界魚類神話

篠田知和基

八坂書房

大きな魚が小さな魚を呑み込む
（ピーテル・ブリューゲル原画、1557年、
ニューヨーク、メトロポリタン美術館蔵）

［扉の図］
鯉と格闘する金太郎（魚屋北渓画、1820
年頃、アムステルダム国立美術館蔵）

❖『世界魚類神話』目次

歌川広重（三世）「大日本物産図会」より越中滑川の大ダコ（1881 年）

はじめに

鳥獣虫魚と植物の神話の締めくくりとして水中の動物たち、魚介類[01]や鯨、イルカ、それにワニや亀のたぐいの爬虫類と蛙の神話をまとめる。[02] 水生の怪物である河童や竜も入れないわけにはいかない。蛇はふつうは水生ではないが水生のものもいるのと、「竜蛇」として竜の仲間とみられることから、蛇妖精メリュジーヌなどを中心にして概観する。またその変種としての人魚にも触れる。[03]

日本ではその本体がワニかサメかという議論のあるトヨタマヒメ神話のほか、飯粒で魚を釣った話[04]、海底からフジツボなどをいっぱいつけてあらわれた磯良[05]の話などがあるが、ギリシャ神話にはイルカに助けられた話や、そのイルカたちを率いる海の神トリトンの神話などがあり、ヨーロッパでは水中の妖精ネレイデス、オンディーヌ、あるいは人魚がいる。もちろん鯨[06]に呑み込まれたヨナの話もあるし、魚の王の説話もある。

もともと生命は水中に生まれた。神話でも海の神ポセイドン、海底の竜宮などが語られる。その海中にはクラーケンなどという大ダコ、ないし大イカがいて[07]、船を呑み込むという伝説もある。海坊主のような妖怪もいる。水中の神怪は魚の形をしているとは限らないが、手足のかわりに尾ひれがついたものなどもあり、翼が生えて空に飛び上がる竜の仲間もいる。[08]そのあたりの想像上の怪物は水族館にはいないが、クラゲ、ヒトデ、イソギンチャクなど魚類ならざる動物も水中には数多く分布している。あるいは日本列島を背負っているという地震の大元であるナマズもいる。[09]

　魚たちの世界は海だけではないが、「海に感じる感動や畏れは、きっとかすかに残る原始の記憶のせいなのだろうか」（中村幸昭『海の宇宙』）。

I　神話の水族館

一、日本の神話

古事記の最初に「国稚く、浮きし脂のごとくにして、海月なす漂える時、葦牙のごとく萌え騰るものによりて……」とあるのは、クラゲそのものをさしてはいないが、クラゲについての言及であることにはちがいない。

そのあとの「出雲国風土記」の国引きの場でも、「大魚の鰭を衝き別け」て、国を引いてきたというところは、海洋民族の生業を如実に物語る描写であろう。

ワニ

日本神話に一番多く登場する水生動物は「ワニ」だろう。これについては、日本にはワニは生息しないので、サメのことだという俗説がもっぱらまかりとおっているが、「ワニとはサメのことである」という記述が神話のどこかにあるわけではない。であればワニはワニであるとみるのがふつうである。ワニが日本に生息しないということは、神話では自然の生態とは異なった記述が少なくないので、神話学的には無効な議論である。獅子や虎や象やヒヒや大蛇も日本には生息しないし、竜となるとどこにもいない[10]。しかし日本書紀の一書ではトヨタマヒメが竜になったというのである。これが他ではワニなので、ワニというのは竜ともいいかえられるような想像上の怪物であるとみることができる。

そもそも「ワニとはサメのことである」というのは、昔の歴史学者の喜田貞吉が、国定教科書を編纂しているときに「ワニになったトヨタマヒメ」のところで、「ワニはサメのことである」と解説をほどこしたのが原因で、以来それが定説になったのだが、そのそもそもは、彼が出雲に旅をして旅館に泊まったとき、食膳に刺身がでて、ワニですと言われたことに始まっている。ワニと言われて驚くと、この地方ではサメのことをワニというのですと言われ、そうかそれでわかったと思わず膝をうったのである。たしかに出雲地方から、広島の方にかけてサメの刺身をワニという方言がある。しかし、これは一種の料理の名前で、生物学上のサメを必ずしもワニというわけではない。サメはサメである。これは古くからの地名でも鮫洲などがあることでもわかるが、サメはサメと呼ばれ、鮫という漢字があてられていた。記紀でもサメであれば「サメ」あるいは「鮫」と記述したはずなのだ。出雲や広島の茹でてからし醤油で食べる刺身をさす言葉が、中央の文人の記述した記紀の中で、トヨタマヒメの元つ国の姿として使われたわけではない。日本には生息しない怪物だが、水中に棲む恐ろしい動物として鰐というものがいることは、当時の文人によっては漢文の知識として知られていた。中国には揚子江ワニや、海水に棲むイリエワニが昔から恐れられていた。それに対してサメは漁民にしか知られていなかった。水生の怪物としてはサメより鰐のほうが中国大陸では現実感があったのである。

古事記の場合はともかく、日本書紀は漢文で書かれた中国人にも読まれるべき公式の「歴史書」であり、そこで鰐と記述されたものは出雲地方の方言よりは中国人に理解さ

ワニに乗る彦火々出見尊（山幸）（小林清親画、明治時代、フリーア美術館蔵）

れる鰐である可能性が高いだろう。ただしそうとばかりも言えないところがないわけではないのは、山幸が竜宮から地上に戻るときに乗った「一尋《ひとひろ》ワニ」というものがあって、高速で泳ぐ魚ということで、ワニよりサメを思わせられなくはない。一尋ワニから八尋《やひろ》ワニまでいくつも種類があって、八尋ワニがもっとも高速ともみられる。[11] 各種の水生生物のうち、ワニからサメまでいろいろあって、乗り物としてはサメがもっとも高速であり、川を遡るものとしてはワニがもっともそれらしい。

川を遡ったのはミシマミゾクイヒメのところへ通ったコトシロヌシの姿で、どうやらこのときはワニの姿で川を遡ったとみられる。[12]

トヨタマヒメが子を産むときにのたうちまわっていたというのもサメよりワニを思わせる。[13] ほかでは因幡の白兎がワニをだまして海を渡ったというところがあり、ワニを並ばせて数をかぞえたというのだが、これはサメよりワニのようである。サメはじっと停止して浮いていることはできないし、その背中を跳んで行くのもむずかしい。ワニを並

皮を剥ぎ取られる因幡の白兎（英語版『日本のおとぎ話』〔1908 年〕の挿絵）

べてその上を跳んで行ったというのはインドネシアの伝承で「ワニと豆鹿」というものがあって、知恵ものの豆鹿がワニを並ばせて、その上を跳んで渡ったという話の変奏である。[14]猿が竜宮へ行くときにワニに乗って行ったという伝承もあり、川や海を渡るのにワニに乗るという話はインドネシアからインド、アラビア、エジプトまで広く伝播している。ガンジス河の女神ガンガーもワニに乗ってやってくる。

　ワニかサメかわからないものでは出雲の国の風土記で、安来の郷の項に、猪麻呂というものの娘が海岸を散歩しているとワニに襲われて死んだという話があり、猪麻呂が海神の神々に祈って復讐をとげたという。[15]これもサメのことであると言われているが、サメが海岸に上がってきて、散歩している娘を襲ったという話は信じがたく、陸に上がって人を襲う動物としてはワニを想像するほうが自然である。といってもこれは出雲の風土記であり、この場合にはサメをワニということがあるという議論がかならずしも否定され得るものでもない。[16]

　そのほかにサヒモチの神という神がでてきて、ワニあるいはサメを指すとみられる。[17]神武天皇の兄イナヒの命は神武東征に従っていたが、暴風にあって航行できず入水してサヒモチの神（鋤持神）になったという。このあたりはワニともサメとも解されるが、海神の宮、すなわち竜宮へ行ったのであり、[18]山幸が竜宮へ行って、一尋ワニに乗って帰ってきたところと同じく、竜宮の風俗に即したものと解される。海のかなたの竜宮は南方の地と想定され、因幡の白兎の伝承の故地とも目される。ワニが生息する地域であろう。神話では自然の生物が生息するかどうかは無関係だといったが、ワニが生息しておそれられている地域に現実のワニをめぐる伝承が多いことは理解できる。ただ因幡の白兎も含めて、インドネシアなどの伝承がどうやって伝わってきたか問題で、南中国を経てきた場合には中国語の鰐が指し示すものが漢字の鰐によって伝わったであろうし、直接海上の道をたどってきた場合には「おそろしい海の動物」として「ワニ」と呼ばれるものが指し示され、[19]あるいはその呼称をさけて「サヒモチの神」とされたのであろう。[20]古事

恵比寿大黒としてのコトシロヌシ
（江戸時代後期の木版画、ボストン美術館蔵）

イザナギ・イザナミによって最初に生み出されたヒルコは、葦舟に乗せて流され、漂着神恵比寿になった。そして海からやってくるものとして、鯨などが打ち上げられると、それを恵比寿として祀ったが、やがてインドの海洋神マハカラ（大黒）と習合し、大黒として祀られる。その造形は釣り竿をもち、片手に鯛をかかえた釣り人の姿で、米俵の上にのった大黒の化身のひとつとされる。大黒は大国と同音であることから大国主とも同一視されるが、漁師としては国ゆずりの場で、魚釣りをしていたコトシロヌシと同一視される。コトシロヌシは大国主の子供である。彼はのちにワニになってミシマミゾクイヒメのところへ通って、神武天皇の后を生んだとされる。

記の山幸の項では「サヒモチの神」すなわち「一尋和邇」[21]とされている。日本書紀の第六の一書ではコトシロヌシが八尋熊鰐になってミシマミゾクイヒメに通ったとなっている。また、古事記ではコトシロヌシは、夜ごと海を渡って対岸の揖夜（イフヤ）の里のミホツヒメのもとへ通っていたが、鶏が間違って真夜中に鳴いたため、コトシロヌシはうろたえて小舟に乗ったものの、櫂を岸に置き忘れて仕方なく手でかいたところ、ワニに手を咬まれた。以来、コトシロヌシは鶏を憎むようになったとある。[22] この場合はサメかもしれない。

　コトシロヌシはまたタケミカヅチが国譲りを迫ったときは、鳥の遊び（鵜飼）をしていたといい、[23] 一書では釣りをしていたともいう。鵜飼あるいは魚釣りの神とされる。[24] 七福神の恵比寿が釣り竿と鯛を抱えているのはここから出ているという。[25]

　古事記ではそのあとに、水戸の神の孫、櫛八玉神が膳夫となって天の御饗を献ったとき、「千代縄打ち延べ、釣りせし海人の、口大の尾翼鱸、さわさわに」ひきよせて、「天の真魚くひ」を献ったとある。延縄で鱸《すずき》をとって料理したのである。[26]

　出雲の風土記に杵築の御崎にタコがいて、天の羽羽鷲がとらえてたこ島にもってきたという。宍道湖の項に、ナオシ、スズキ、チニ、エビなどがとれるとある。島根の北の海ではフグ、サメ、サバ、イカ、アワビ、サザエ、イガイなどがとれるという。ここでは「サメ」となっていることが注意される。出雲の大川ではアユ、サケ、マス、イグイ、ナヨシ、ハモがとれる。

竜宮伝承

丹後の国の風土記に浦島の話が載っている。浦島は五色の亀を釣った。その亀を舟に乗せておくと女になり、竜宮へゆく（「蓬莱山」と書いて「とこよのくに」と読ませている）。竜宮の門のなかには七人のすばると八人のあめふり星がいた。したがってこの「竜宮（とこよ）」は天空にあるかのような印象もあるが、舟に乗って行くところであり、あるいは亀に案内されて行くところであって、海底あ

竜宮へ向かう浦島
(『浦島明神縁起』15 世紀初頃、宇良神社蔵)

浦島は亀を釣って竜宮へ招かれる。亀は舟の中で美女になっていた。ふたりが向かう竜宮は海を渡ったかなたの洞窟のなかのようである。高橋大輔は竜宮を山東省蓬莱の海中に建てられていた壮麗な離宮であると想定する。永留久恵は海底洞窟を想像する。また山中竜宮を想像する人もいる。一応、舟で渡った先の壮麗な宮殿とみるのが常識的なところだが、この絵のように洞窟があって、その先に「都」があったというほうが、非日常的な超越空間としてはふさわしい。

浦島は亀が姿を変えた娘によって竜宮へと案内される（『教育昔話　浦島太郎』〔明治32年〕の挿絵、国立国会図書館蔵）

るいは海彼（海中の島）の地であることは明らかである。[27]
柳田國男は日本の竜宮には竜はいなかったといったが、竜王や竜女といわれる存在はどこでも人体であって、蛇体の竜ではない。これは東欧などの「ドラゴン」でも同じで、ズメイないしドラゴンと呼ばれる「竜人」は姿は人間で、魔人としての性格をもっている。日本の竜宮であれ、朝鮮や中国の竜宮であれ、そこを支配する竜王は多くは老人で、人間の姿であり、竜女は美形の乙姫である（乙姫とはかならずしも末娘ではなく、若い娘の意味であろう）[28]。しかしその竜宮には鯛やヒラメが泳いでおり、海中の生物を竜宮が取り仕切っているのは神話の事実である。[29]
猿田彦の妻になったウズメも「鰭の広もの、鰭の狭もの」

を招集している。竜宮へ行った山幸も同様にあらゆる魚類を集めて釣り針を探している。[30] それらのあらゆる魚類を統括するのが竜宮である。

猿田彦はアザカの浜でヒラブ貝とたわむれていて、貝に手をはさまれて、海底に引いていかれた。[31] そのとき海底についたときの名を「底どく御魂」と呼び、「海水のつぶたつ時の名を、つぶたつ御魂といい、そのあわさく時の名を、あわさく御魂という」といい、貝に引かれて溺れ死んだかのように思われているが、海底でも「底どく御魂」であって、死霊ではない。彼は貝に導かれて竜宮へ行ったのだ。これは「クラゲ骨なし」や「竜宮の使い」と同じで、クラゲや貝が猿を竜宮へ連れて行く話の変奏である。竜宮の乙姫が病気になって猿の生き肝を欲しがったというのが発端だが、それを聞いて、猿はそれならそうと早くいえばいいのに、残念ながら肝は木に干してきたところだといって、肝を取ってくるから戻ってくれという。そしてまんまと岸に戻って逃げてしまうのだが、途中までであれ、竜宮へ向かったのである。アラビアの話では猿は因幡の白兎と同じ

兄の釣り針をなくして途方に暮れていた山幸は、海辺で出会った老人により竜宮へ導かれる（『彦火々出見尊絵巻』明通寺蔵）

竜宮から持ち帰った潮満玉を操る山幸
(『彦火々出見尊絵巻』明通寺蔵)

山幸は竜宮から帰るとき潮満玉と潮干る玉をもらってきて、兄の海幸をこらしめる。その珠は潮の干満を調節する珠で、これを持ったことは山幸が海を支配する力を得たことを示している。その性格は竜宮の乙姫であるトヨタマヒメと一緒になったときにさらに強調されるだろう。その後の皇統に海神の血が流れているように、山幸にすでに海神宮の一族となる資質が与えられているのである。これはシオツチの翁の導きによるとはいえ、海神宮まで行って帰って来たことによって海洋神としての試練に合格したことからも言えることである。

ようにワニをだまして川を渡る。エジプトの話では、宣教師が川を渡って布教をするのにワニに乗っていたという。竜宮だって東南アジアの類話のようにおいしい果物がふんだんに食べられる桃源郷であれば、猿としてもクラゲや貝をだましてでも一度は竜宮へ行ってみたいと思うだろう。

ちなみに石田英一郎の『河童駒引考』に見るように猿は水神としての馬を引いてやってきて、厩で飼われると馬たちの世話をする。水中に馬や牛の姿の水神がいるというのはポセイドン神話などにも見られることだが、その水神を陸に導くのが猿なのである。しかし馬の手綱をとる猿は逆に馬に引かれて川底へ行くかもしれない。その場合は竜宮の使いは馬になるだろう[32]。

そして人間の場合は、浦島や山幸のように、あるいは俵藤太のように、竜宮へ行って歓待されて、多くは竜宮の乙姫、すなわち竜女をもらってくる[33]。これは異郷訪問譚であり、異界の乙女を妻に迎える妻問いの旅でもある。俵藤太は怪物退治をし、浦島は童話では子供たちにいじめられている亀を助けてやる[34]。山幸の場合も釣り針をのどに刺して苦しんでいた魚を治してやったのである。これは「なくした釣り針」あるいは「なくした投げ槍」の話型の共通パターンで、異界の王女は地上に遊びに出たときに英雄のなげた投げ槍などで致命的な傷を負って苦しんでいる。そこへ、当の英雄がやってきて、傷を治してやるのである。その結果、王女と結ばれることになるので、山幸がトヨタマヒメと結ばれるのと、魚ののどに刺さった釣り針を取ってやるのとは、実はつながっているのである。

猿田彦の場合もヒラブ貝に案内されて竜宮へ行くのと、ウズメと結婚するのとは順序が逆のようだが、神話の構成要素は共通している。そしてウズメは「鰭の広もの、鰭の狭もの」を招集するのであり、山幸のために魚たちを招集するトヨタマヒメと同じ行為を、同じ権威によっておこなう。いうことをきかないナマコには「これ口きかぬ口なり」といって小刀で口を切り裂いたりする。このウズメは明らかに海の女王の役をしている。その海の女王、すなわち竜宮の乙姫を猿田彦は嫁にしているのである。

その竜宮はどこにあるのか、どうやってそこへ行くのか、そこにはどんなものが棲んでいるのか、彼らは何をしているのかという問いには、ごく大雑把に、竜宮は海の底ない し海のかなたにあり、舟に乗って行く、海の波をわけて歩いて行く、亀に乗って行くなどいろいろだが、多くはあっというまにつく。そこにいるのは髭を生やした老神と、乙姫、それに華やかな官女たちで、何をするかというと日々歓楽に打ち過ぎてゆくが、職務としては海中の生物の管理と、海上輸送の監視であろう。「ひとり女房」などが舟に乗っていると竜王がその舟をひきとめる。あるいは嵐を送って舟をくつがえす。そのほか、竜宮の主は珠を欲しがり、珍しい珠を載せた船があると美女を送ってだまし取ったりする（玉取伝説）。竜宮の如意宝珠というのはそれではなく、真珠のように自然にできたものと思われるが、どうやってできるかは不明である。ただ、それをもっていれば、あらゆる願いが叶う。竜宮のみやげでは尽きない米俵、つきない反物などがあり、そこは豊穣の国ともみられるが、ヤマタノオロチの体内にあった草薙の剣が竜のものであったように、名剣を鍛え、孫悟空の如意棒のように自由自在に姿

亀の背に乗り竜宮を後にする浦島（月岡芳年画、1884 年）

を変える金属棒をつくったりするところでもある。すなわち、金属加工の秘密に通じているとみなされる。これは海彼の先進技術をあらわしたものかもしれない。

日本書紀「景行紀」で、天皇が美濃の弟姫の気を惹こうとして、池に鯉を放ったことがでている。弟媛は「その鯉の遊ぶを見むと欲して、密に来でて池を臨す」。結局、この弟媛は皇妃となることを辞退し、その姉を推薦して去る。

そういえば、ウズメは天の岩戸の場では、たらいを伏せてその上で、衣をはだけて裸体を見せている。たらいというのは、本来はそこに湯をためて行水をする道具である。[35]このときウズメは、たらいの中で裸になって水を浴び、水をしたたらせながら立ち上がったのである。であれば、それは、ヨーロッパの美術でウェヌス・アナデュオメネという「水から上がるウェヌス（豊穣美神）」ではないか。

古代のウェヌス・アナデュオメネ像（3世紀末〜4世紀初め、ルーヴル美術館蔵）

と同時に竜王には天狗などと同じような超自然の魔物という性格もあったようで、『平家物語』で安徳天皇が入水するとき、「波の底にも都の候ぞ」といっているのは竜宮をさしているが、これは地上の王権に対抗する陰の王権という性格を竜宮がもっているものと想像されていたことを示している。[36]

なお「竜宮」に相当するものは中国やインドばかりか、ヨーロッパにも存在する。たとえば、フランスの川の精霊ドラックは川の底に宮殿をもっている。このドラックは怪竜型のタラスクなどと、美男子の場合とがある。中国では孫悟空が竜宮へ行って如意棒を盗んできた話があり、インドでもヴィシュヌが一時、海中の宮殿に隠れていたという話がある。

世界の洪水神話では地上の動物はすべて滅びるが、水中の動物は影響を受けない。それ以上にインド神話では、魚が大洪水の原因をなしている。あるとき水中の魚がマヌに話しかけたので、マヌはその魚をとって壺に入れた。しかし魚はどんどん大きくなって、ガンジス河でも間に合わず、大海に移した。すると魚は洪水を告げ、箱舟を作るように言った。あるいはいつも餌をやっていた魚が洪水を告げた。

海の神話ではワニのところでもあげた海幸、山幸の神話があるが、そこに出てくるシオツチの翁は海と陸をへだてる神であり、同時に竜宮への行き方を教える神である。海陸の境の神としては神功皇后が朝鮮遠征を企てたとき、海底から浮かび上がってきた磯良もいる。[37] 本来の海神としては住吉の神が海神である。表筒男、中筒男、底筒男の三体で、これはイザナギが黄泉の国から帰って海岸でみそぎをしたときに生まれた神である。あるいはアマテラスとスサノオが天の安川でうけひをしたときに生まれたタギリヒメ、イチキシマヒメ、タキツヒメの宗像三女神も海の神である。

河童

その水神が文化的な形として河童になって日本の河川にあらわれる。中村禎里は『河童の日本史』で、記紀の「ワニ」が河童の原型であろうという。トヨタマヒメやコトシロヌ

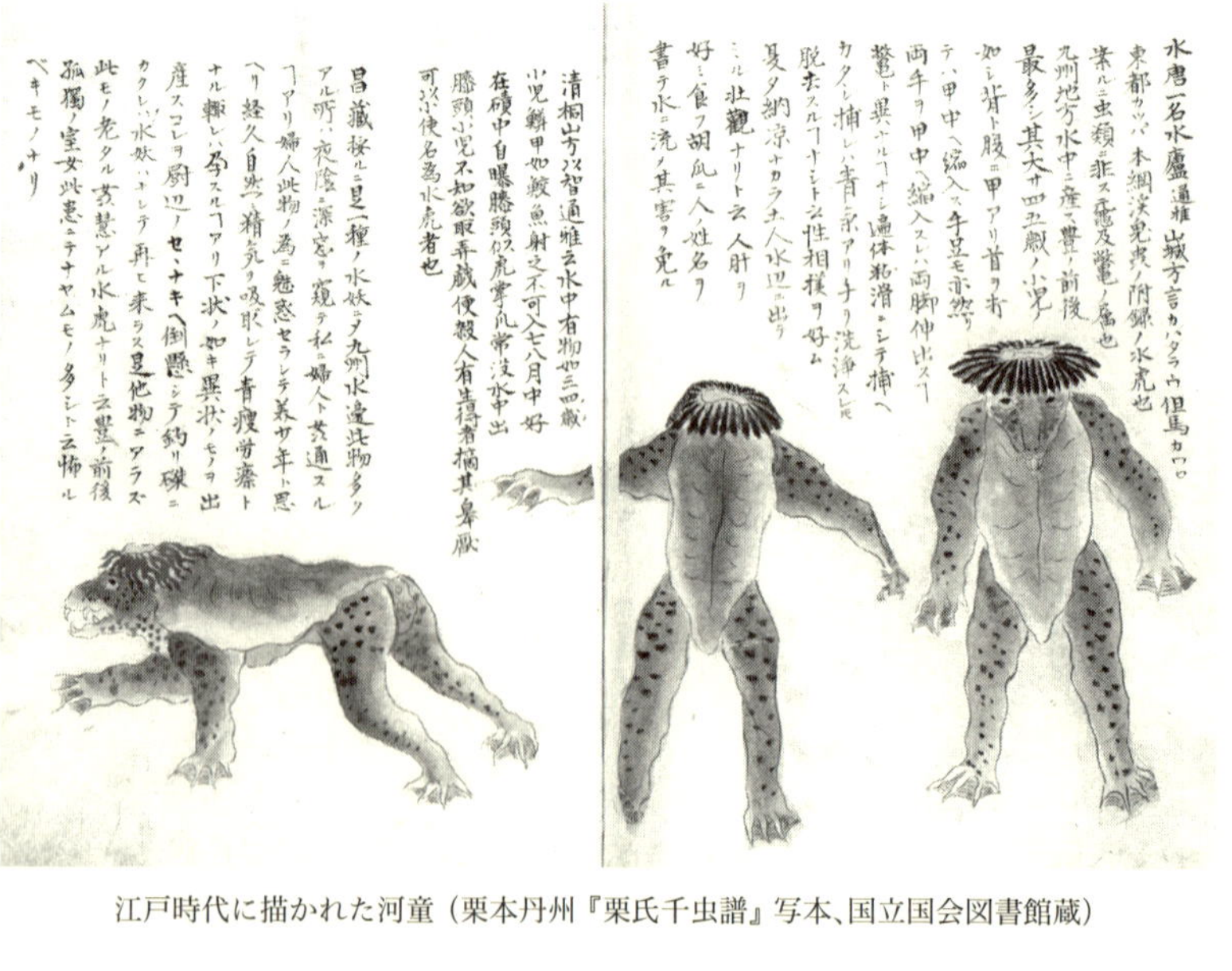

江戸時代に描かれた河童（栗本丹州『栗氏千虫譜』写本、国立国会図書館蔵）

シなどのように、ある特定のときにワニになる神怪は、ふだんは人態で、水陸を自由に往来するとともに、ときにはワニの姿で川を遡り、あるいは竜宮へ泳いでゆく。それが時代を経るにつれ、海神小童の姿になり、やがてカワウソや猿に似た河童になり、内陸化していったというのである。竜宮に棲んでいた海生のワニがコトシロヌシのように川を遡るようになったのは、海民から農耕民への移行にともなうものであり、その体が矮小化するのも、内陸に用水路が開削されるにともなって、水路の寸法にあわせていったためとみられる[38]。水辺の妖怪はヨーロッパではオンディーヌ、ローレライ、セイレン、ニンフなど、美しい女性の姿であらわれることが多いが、日本では、猿に似た河童が多いのはなぜだろうか[39]。

日本では牛がひく犂はあまり普及しなかったが、これは山がちの地形のせいでもあったろう。したがって、水神としての牛もあまり普遍的ではないが、「牛が淵」「牛渕」といった地名に牛が淵にはいって水神となった例が身延、新城などいくつかの土地にみられる[40]。四国などで「牛鬼」と

ラインの岸辺にあらわれるローレライは美しい声で歌いながら鏡を見て髪をとかす。ラインを行き来する船乗りはそれにみとれて岸の岩に船をぶつけて沈没する。

呼ばれる妖怪も滝壺などに棲んでいる。水神としての牛の信仰は日本でもなかったわけではない[41]。

日本の水神は蛇体が多いようで、蛇体の池の主が女のもとに通ってきたりする。この池の主の嫁になると女の方も蛇体になり、訪ねていった両親に自分は蛇体になったからもうこないでくれと頼んだりする。池の主は雄蛇が多いが、説経「をぐり」の深泥池の竜女のように女性の妖怪である場合もなくはない。しかし河童も含めて日本の水妖は多くは雄性である。三輪山伝説でも、蛇体の神は男神である。

ナマズと瓢箪

日本の漫画の起源のひとつとも目される大津絵では、瓢箪鯰と称して、猿が瓢箪でナマズを押さえようとしている絵が好まれている。それに対して鹿島神宮ではタケミカヅチが要石でナマズを押さえている。この要石は地上に出ているのはほんのわずかで、大部分が地中に埋まっているといい、その根は地軸にまで達しているともいう。ちなみにこのナマズは昔は竜だったと黒田日出夫が言っている(『龍の棲む日本』)。日本列島は竜でぐるりと取り巻かれ、竜の上に載っていたというのである。地震をおこす巨大魚はソロモン群島ではサメだという[42]。

瓢箪鯰については、なぜ瓢箪なのかが問題とされているが、アウエハントは、瓢箪が、水をすくう道具として杓子に通ずることから、音の同じ石神にまでつなげている。瓢箪が石神なら、要石でもあろうから、これもひとつの解釈である。ただし瓢箪はほかの民俗伝承では水に浮くものとされている。川の堤を修復しようとしたときに、なかなか工事がはかどらず、水神に犠牲を捧げなければならなくなったときの話でも、賢いものが瓢箪を川に投げ入れ、水神に威力があるものなら、この瓢箪を沈めてみろといったという[43]。これは昔話でも池の主である蛇神に嫁にされようとした娘が瓢箪をもっていって、これをまず池底へ沈めてほしいといって蛇神を困らせた話に通じているし、相手が蛇ではなく、河童になっている話もある。瓢箪に栓をしておけば水には沈まないのである。蛇婿の話では往々にしてこれに針をさしておく。すると、瓢箪を沈めようとした蛇が針にさされて血まみれになる。蛇は金気を嫌うのである。瓢箪は水神封じになる。大津絵で、その瓢箪をもっているのが猿になっていることは、「河童駒ひき」に通ずる民間神話のシンボリズムに関係してくるだろう。河童を地方によっては「エンコー」と呼ぶように、河童と猿は交代可能な存在であり、ともに水神なのだが、猿のほうは、水神に対抗するアンチ水神の性格ももっている。「猿婿」では猿は谷川に流される。陸にあがった河童は猿になるのだが、そのとき水に溺れるものという性格、反水神的性格を獲得するのである。ナマズは水神であり、瓢箪は水神封じの役をする。それをもった猿はナマズ封じをするのである。ちなみにナマズは竜とも表現される。猿は水神としての竜の眷属だが、表面的には反竜神的性格をもっている。猿の大群が山の木々をわさわさとゆらしながら移動するとき、それはあたかも山中にこもった竜神がうねりながら移動するようにも思われる。竜神は雷雨とともに山にふりそ

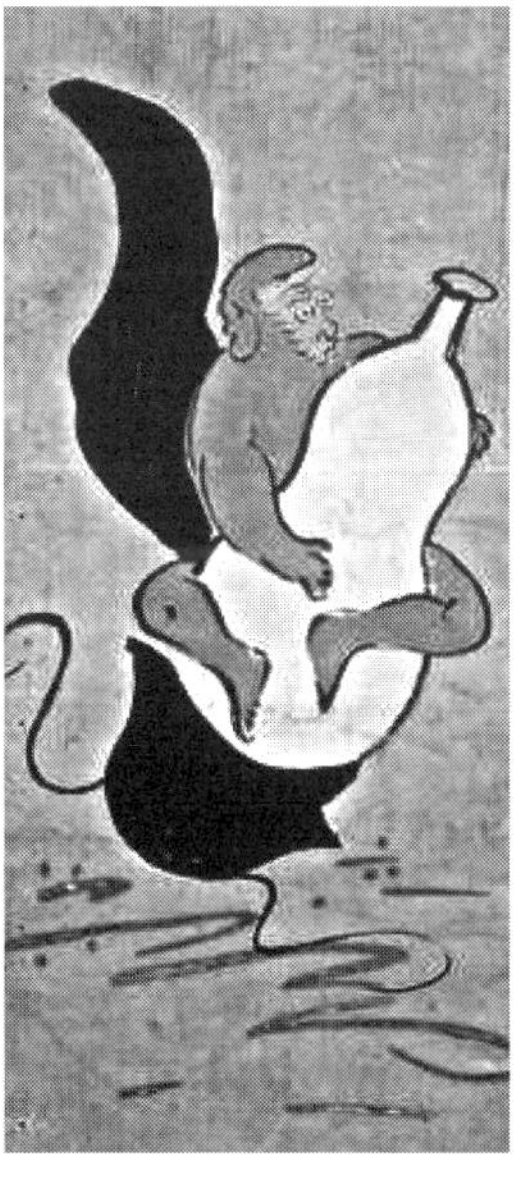

左：大津絵の瓢箪鯰。大津絵は江戸時代に近江国大津の追分あたりで売られた民衆絵画。東海道を往来する旅人のみやげ物として全国に知られた。

右：要石で大鯰を押さえるタケミカヅチ。1855 年安政江戸地震の年に刷られた鯰絵

水神としての猿

(『藤袋草子』1649 年、国立国会図書館蔵)

猿婿譚の文芸化である。昔話の猿婿では、田に水を入れてくれたら娘をやるのだがと農夫がつぶやくと、猿がでてきて、水を入れてくれる。蛇婿の場合と同じ構造で、猿が水神であることを示している。娘は猿の嫁になる。しばらくして、里帰りをする。土産に餅をついて、臼に入れたまま猿がそれをかついでゆく。谷川にさしかかって、崖の途中で咲いている花をとってきてくれと言われた猿が臼をせおったまま木に登り、枝が折れて谷川に落ちて流される。ふつうはこれで、溺れ死んだと考えられているが、物語ではかならずしも猿の死を語らない。水神であれば、本来の世界へ戻ったので、また下流で、水から上がってくるに違いない。

そいで、しばらくは木々の根にとどめられている。が、やがて、木々の保水力の限界をこえると地底から吹き出して谷川となって、海にかけおりる。地下水として一時姿をくらましていた竜神が谷川の急流として再び竜の姿をあらわしたのである。その竜神が地下水となって姿をくらましているあいだ、山をゆるがしていたのが猿たちなのである。[44]

水神としての猿はアウエハントによれば恵比寿を仲介として河童、すなわち水に結びつくという。タケミカヅチがナマズを押さえるヒーローであるなら、猿はタケミカヅチの戯画的なアンチヒーローだ。猿と河童はアウエハントによれば分身同士だが、河童が明瞭に水神の性格をもっているのに対して、猿は水神に裏側から接しているのである。ナマズ封じに猿が登場するゆえんでもある。「猿と河童は表裏の関係にある」（柳田の論をアウエハントが要約[45]）。

瓢箪は洪水伝説では、兄妹がそれに乗って洪水を逃れる道具にもなる。洪水の海に瓢箪が浮かんでいるのだが、同時に瓢箪からは世界の水が際限なく流れ出してもくる。[46]昔話の「天人女房」では、瓜、あるいは瓢箪をへたに切ったために天の川ができたり、大洪水になったりする。その洪水の水に瓢箪が浮いている。が、そのなかに入った女の子の胎内にも瓢箪型の子宮があって、そこにも羊水がたまっている。この女の子が大きくなって子を産むときは、まず水が流れ出る。そして羊水のなかに浮かんだ子供が飛び出してくる。その子が女の子であれば、その子の胎内にも別の瓢箪である子宮が入っている。瓢箪のなかに瓢箪があり、そのなかにもまた瓢箪がある。洪水を逃れた女の子が別の洪水を引き起こす。

瓢箪の話は仁徳紀で二回出てくる。最初は茨田の堤の造営にあたって、河伯に人身御供を捧げることになって、二人の男が指名された。そのうち一人が匏を水に投じて、この瓢を沈めることができたら「真の神と知りて、親ら水の中に入らむ」と言った。もちろん瓢は沈まず、男は人身御供にならずに済んだ。二つ目の話は吉備の中国の川島河に大蛇が出て人を苦しめた。そこで県守が出ていって、瓢を水に投じてこれを水に沈めよと言った。できなければ、「汝が身を斬さむ」と言って、水中に入って、大蛇を斬った。

背黒海蛇

出雲大社と佐田神宮に十一月末から大晦日のころ背黒海蛇がよりくる。それを三方に載せて神として祀る。[47] 海蛇が火の玉のように光って泳いでくるのを掬い取るという。これを竜蛇様と呼ぶともいう。竜宮からくるのだとみなされている。竜といってもかならずしも巨大ではない。また鹿の角や髯を生やしているとは限らない。ヨーロッパでは羊のまるまった角を生やした蛇や、髭のある蛇が竜蛇神として祀られる。夜光性の海蛇の信仰はヨーロッパではないようである。なお海蛇は爬虫類である。

蛇女は中国の『白蛇伝』、我が国の道成寺伝承、上田秋成の「蛇性の婬」(『雨月物語』)などに描かれる。海蛇ではないが、川の源流の滝壺に身をおどらせて逃げて行ったりする。水生の動物とみなされる。[48]

バルト三国のひとつリトアニアでは「蛇の女王エグレ」という伝承がおおいに好まれている。王女エグレが湖で水浴をしていると、岸辺に脱いで置いた衣の上に蛇がとぐろをまいており、自分の嫁になるなら衣を返してやるという。

蛇の女王となったエグレ像
(リトアニア、パランガ市)

王女はやむなく、蛇の申し出を受け入れる。蛇は海底の鍛冶族の王子だった。王子はエグレを迎えに使者をよこす。王女の父は何度か鵞鳥などで王女のかわりにしようとするが、ことごとく失敗する。ついに万策尽きてエグレを蛇王子の嫁にする。エグレは海底へ招かれ、安楽な暮らしをする。やがて王子は王となり、エグレも蛇一族の女王となる。あるときエグレは里帰りをしたくなる。蛇王は反対するがどうしてもというので承知する。帰ってくるときは海岸で呪文をとなえれば蛇王が迎えにくるという。この種の異類婚でよくでてくる話だが、里帰りが長引いたり、不幸な結果になったりする。ここでは王女の兄弟が王女を海へ返すまいとして蛇王を殺す計画をたてる。そのために蛇王を呼びだす呪文をエグレから聞きだし、海岸でその呪文をとなえると、蛇王がやってくる。それを王女の兄弟たちが刀で斬り殺す。しばらくして王女がいよいよ海の宮殿へ帰ろうとして、海岸で呪文をとなえる。すると海底から血がぶつぶつと湧き上がってくる。事の次第を悟ったエグレは嘆いて岸辺のポプラになった。風が吹くたびに葉がすれて泣くような音をたてる。[49]

竜宮の宝珠

海底に竜蛇国の宮殿があるというのは竜宮伝承である。その竜宮では竜王が如意宝珠をもっている。あるいは竜は珠を好んで、船を襲っては積み荷のなかの宝珠を奪い取る。四国の志度で語られる「玉取伝説」がそれである。藤原不比等の妹が中国へ嫁入りし、宝珠を日本の宮廷への贈り物にする。それを志度のあたりの海域で竜に奪われる。[50] 不比等はそれをなんとか奪い返そうと志度にやってきて、海女とちぎって玉を取ってこさせる。女は決死の覚悟で海へもぐって玉を取ってくるが、舟にひきあげられるところで息絶える。取ってきた玉は光を失っていた。これはただの宝珠だが、如意宝珠となるとなんでも願いが叶う。これを竜宮のみやげにもらうのである。なんでも願いを叶えてくれる如意童子のこともある。俵藤太が百足退治をしたお礼にもらったものにこれが入っていることもある。なんでも自由自在の如意の宝物でもっとも有名なのは孫悟空が竜宮からかすめ取ってきた如意棒であろう。金属でありながら大きくもなれば小さくもなる。耳のなかに入るくらい小さくもなるのである。竜宮のみやげに無尽蔵の米俵や同じく尽きない反物などのほかに、刀何振りかと、鐘などがあることがある。これはリトアニアの蛇族と同じく、金属加工の秘密に通じた種族が竜宮にいることを物語る。竜宮が海のかなたであるなら、先進の鉄文化が海彼からやってくることはおおいにありえよう。それと水生の怪物である蛇や河童が針などの金気を嫌うことはどう関係するのだろうか。鉄ないし金属の秘密を彼らは守っている。彼らの第一の秘密であるからこそ、それがタブーになっているともみられる。またもっとも大切にしているものによって敗れるのだとも言える。リトアニアの蛇王も鍛冶族として、すぐれた

玉取伝説
（歌川国芳画、メトロポリタン美術館蔵）

唐の皇帝の后となった藤原不比等の妹は不比等に宝珠を送ったが、志度の沖合で、竜宮の竜に取られてしまった。不比等は名を秘して志度におもむき、海女と結ばれ、一子を得た。そこにいたって不比等ははじめて海女に彼の目的を告げる。海竜王のところから珠を取り戻して欲しい。海女はふたりのあいだに生まれた子が大臣になるならやってみようと言って、決死の覚悟で海底にもぐる。珠は乳房を切ってそのなかに隠して無事、船に戻ったが、そこで力尽きて息を引き取った。不比等は志度寺に海女を葬り、珠を持って都へ帰った。

金属を製錬する秘密をもっていながら地上の王子たちの鉄剣によって切り裂かれる。

河童もキュウリが好きだとか、相撲をいどむなどというが、同時に金気を嫌う。河童を助けてやったお礼にいつも魚をもってきてくれていたのが、いつも魚を置いていくところに包丁を置いておいたところ、それっきりこなくなったという。彼らは刀で手を切り落とされると、それを拾ってつけてしまう。金属加工ではないが、金属の利器による傷を治す秘密の膏薬をもっている。これも高度な金属文化ということができる。金属の利器をもっていないところでは、切られた腕をつける薬も発達するはずがないのである。

「河童火やろう」という伝承がある。ある人が提灯に火をともして橋を渡っていると川の中から河童がでてきて火をくれという。水底でも火をたいているのが、ときおり消えるのである。それで通行人に火をねだる。これも河童が鍛冶族であることの一つの証拠ともいえよう。鍛冶に火は不可欠である。[51]

河童はまた泳いでいる男の子の尻へ手をつっこんで「尻

三種の土産を携えて竜宮から帰る俵藤太（歌川国芳画、ボストン美術館蔵）

子玉」を抜き取るという。これが何をさしているのか謎とされている。女の子が被害に遭うことはないので、男性特有の器官である前立腺かとも思われるが、よくわからない。

河童のモデルになったのはスッポンとかカワウソではないかといわれている。中村禎里はワニや水死人がそのもとではないかという（『河童の日本史』）。が、人間に近い水生の動物としてはイルカがいる。人を乗せて泳いだという話が世界各地で語られている。これが日本の神話ではめったに登場しない。唯一の例が古事記の気比の大神の項だ。神功皇后が三韓から帰国し、忍熊王の反乱を制圧しようとしているときに、王子が生まれ、武内宿祢がその王子を守って角鹿に仮宮をつくっていると、夢にイザサワケの大神があらわれて、御子と名前を変えたいという。宿祢が承知するとあした浜に出てみれば証拠のものが見られるだろうと言うので、翌日、浜に出てみると鼻に傷のあるイルカが打ち上げられていた。それを見て王子は「我に御食の魚（な）給へり」といい、大神はその後、御食津大神と名づけたという。これは『日本神話事典』では名と魚（な）の交換であると言う。イルカは魚とみなされていたのである。出雲の国風土記では、栗江の崎の産物としてイルカ、ワニ、ボラ、スズキ、コノシロ、ナマコ、エビがあがっている。

亀

日本の伝承で人を乗せて海を渡る動物は亀である。[52] 浦島でも民間の伝承では亀に乗って竜宮へ行く。そのまえに古事記に登場する亀は神武が吉備の国にいたとき、海岸で、「亀の甲に乗りて、釣りしつつ打ちはぶき来る人」ありといい、サオネツヒコという名をたまわった。[53]

神武はあとのほうでは簗で魚をとる者、あるいは鵜飼をする者に出会って、道案内をさせる。漁民の王の性格がみられる。高倉山に至ったときは夢で、「天香久山の社の中の土を取りて、天平甍八十枚をつくり、併せて厳甍を作りて、天神地祇を敬い祭れ」と告げるのを聞いて、そのとおりにし、そうやって作った瓶を丹生川に沈めた。すると川の魚が大小を問わずみな浮いてきた。これを吉兆として、怒濤のように敵を攻めて打ち破った。魚占いをしたのであ

竜宮から戻る浦島
（月岡芳年画、国立国会図書館蔵）

浦島が乗った亀は年古りたアオウミガメで、腰に藻が生えていた（高橋大輔『浦島太郎はどこへ行ったのか』）。山幸が乗って帰った一尋ワニと同じく、浦島の乗った亀も、ウミガメかリクガメか、そのほかか、議論がある。人が乗れるくらいの大型種ではオサガメが甲長２メートルに達するが、リクガメでもゾウガメなど大きなものがある。リクガメは「兎と亀」にあるように歩みののろいものの代表だが、ウミガメは水中ではもうすこし速く移動する。といっても一尋ワニのように竜宮ないし蓬莱と本土を一日で往復することはむずかしい。神話ではほかにシオツチの翁を乗せて波打ち際を移動していた亀もいる。これはおそらくウミガメだろう。インドの乳海攪拌で、マンダラ山を回転させる土台になった亀はリクガメだろうか。のちに石碑や墓碑の土台になる亀は四つ足をふんばっているからリクガメである。また、天地が傾いたときに中国神話の女媧《じょか》が亀の足を切って支えにしたというのもリクガメだろう。

る[54]。

亀は銅鐸にも描かれる。インドではヴィシュヌが亀になり、マンダラ山をささえて、乳海攪拌をさせた。中国では亀が蓬莱山をささえている[55]。また、天地創造に際して、女媧が亀の足を切って天のささえにした。飛鳥には亀石があり、ほかでも亀は墓石などの基石になっている。唐招提寺には亀が舎利塔をささえた金亀舎利塔がある。また、中宮寺にある天寿国繍帳にも亀が描かれている。これは長寿の象徴だろう。

吊されているのはスッポンであろう（歌川広重『名所江戸百景』より「深川萬年橋」）

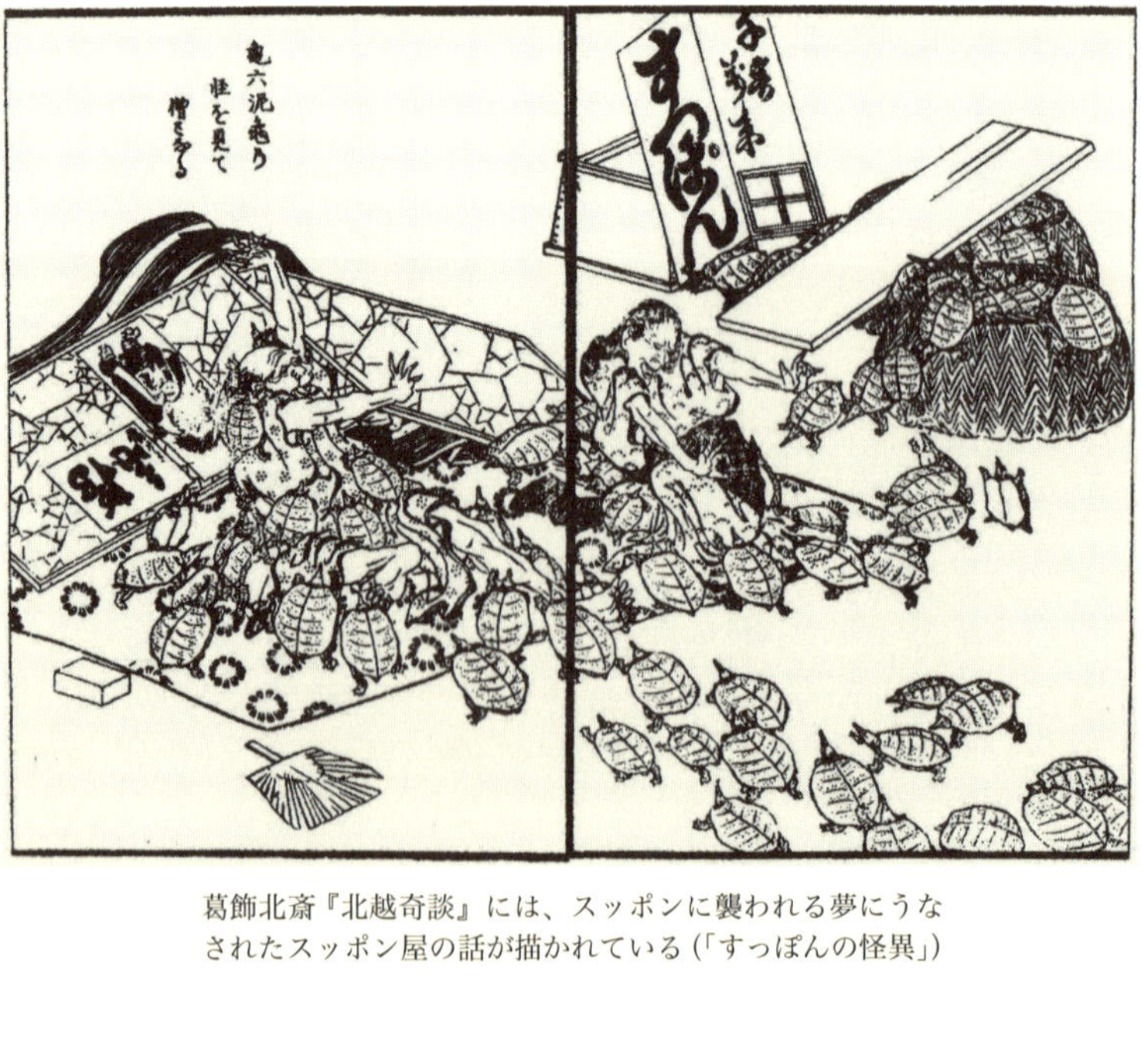

葛飾北斎『北越奇談』には、スッポンに襲われる夢にうなされたスッポン屋の話が描かれている（「すっぽんの怪異」）

『今昔物語集』に亀の話がいくつかある。ひとつは「猿の生き胆」の話で、亀が女房の病気を猿の生き胆で治そうと猿をだまして川のむこうへ連れて行こうとした話。類話では竜宮の乙姫が病気になって、亀が猿をだまして竜宮へつれて行く。巻五―二十四では棲んでいた池が干上がってほかの池に棲みかえようとした亀が鳥に運んでもらう途中で落ちた話[56]、ほかの巻では亀の口を吸おうとして亀にかみつかれた男の話もあるが、巻十七には亀を買って放してやった男が死後、地蔵の口利きで生き返った話、巻十九では海賊にみぐるみはがれて、海中へ落とされた男が、かつて買って放してやった亀に助けられる話、巻五―十九では、助けた亀が洪水を知らせてくれる。巻十九―十九では、山陰中納言が亀を助け、のちにその子が海中に落とされたときに亀に助けられる話がある[57]。もちろんイソップの「ウサギと亀」の話もある。これは今昔にはないが、天草版の伊曾保物語以来さまざまに語られている。松尾大明神は亀の背に乗ってやってきたという。松尾寺には亀の井がある。妙見菩薩も亀に乗ったものがある[58]。広重の「深川萬年橋」には橋げたに亀が吊された絵が描かれる。

貝

亀は爬虫類だが、貝は軟体動物である。魚類神話といってもなかなか魚がでないが、食糧生産的には「魚介類」となる。漁師がとり、魚屋が売るものである貝の神話としてはまずアザカの浜で猿田彦がヒラブ貝に手をはさまれて海底に引き込まれた話がある。これはヒラブ貝ではなくシャコ貝だろうとされている。人をひきこむほどのオオシャコ貝はフィリピンや八重山などに生息し、伊勢には生息しないといわれるが、これはワニについての議論と同じく、南島の伝承の伝播と考えられる。このとき猿田彦は海底に引き込まれて、ぶつぶつと泡を吹いたといい、そのときの名をつぶたつ御魂、あわさく御魂というという。一般に猿田彦はこの結果溺れ死んだものと思われているが、神ともあろうものがそれくらいのことで溺れ死ぬことはない。古事記では「海塩に沈み溺れたまひき」といい、「溺れ死んだ」とはいっていない。猿の生き胆の話でも、竜宮へ連れて行

猿田彦と猿媛
（葛飾北斎画）

ニニギノミコトの一行を天の八衢で迎えた猿田彦はウズメとの対決に破れ、ニニギ一行を日向の国へ導くことを誓ったが、そのとき猿田彦を屈服させたウズメは猿媛《サルメ》となって猿田彦と夫婦になるようにも定められた。そしてニニギの一行が高千穂に降臨した後は、猿田彦と猿媛は伊勢の海岸にやってくる。その地が猿田彦の本貫であったからである。その海岸で猿媛は海の魚類を呼び出して、天皇への贄となることを誓わせる。すべての魚類に指令をする海洋神なのである。そのとき猿田彦はアザカの浜でヒラブ貝とたわむれていて、貝に手をはさまれて海底に引き込まれる。ヒラブ貝というのは実際にはシャコ貝であろうというが、神話ではただの蛤でも構わない。貝が猿田彦を竜宮へ導いたのである。これを猿田彦が海に溺れた話とみる説が多いが、猿田彦という神はそんなことで簡単に溺れ死ぬような神ではない。猿媛が海洋神であるなら、猿田彦も海洋神であった。日向から伊勢まで海の底を通って帰って来たのである。そして夫婦岩のあいだの置玉岩の上にあらわれたという。海陸を自由に経巡る神である。海岸でみつけた貝に竜宮まで案内しろと命じたのである。その後は道開きの神として、各地の神社で神々が巡行するときは先頭に立って矛槍を持って道を切り開く。杖の神ともいわれるが、矛杖の神で、大国主がヤチホコの神であったのと性格を共有する。

かれる猿は竜宮の近くまで行って戻ってくるのである。山幸も竜宮へ行ったが溺れ死にはしなかった。猿田彦もその後は神々の出現にさいして「道開き」の役をして先導をする。海底、あるいは竜宮まで行ったものの死にはしなかったのである。

猿田彦はどこで誰から生まれたかわからない謎の神だが、一説では、加賀の潜戸でキサカイヒメが金の矢を放ったときに生まれた佐田大神が猿田彦であるとされており、であれば、キサカイヒメ、すなわち赤貝から生まれているのである。それも海蝕洞窟のなかで生まれている。最初、金の矢が流れてきて、それを女神が拾って洞窟に射通したところ大神が生まれたというのは、神話学的にいえば、猿田彦が金の矢になって洞窟内の海水を流れてきたのである。貝の女神から海中で生まれた神であれば、貝にひっぱられて海底へ行ってもそう簡単に溺れ死んだりはしないはずである[59]。

もうひとつ貝の話では允恭紀に天皇が淡路島で狩りをしたところ獲物がひとつもとれず、占いをして神意を問うたところ、島の神のたたりで、海底にある真珠を神に捧げればよいという答えを得た。そこで海底をさぐったところ、大アワビが光っていたので、取ってこさせると巨大な真珠がとれ、それを奉納して豊猟を得た。ただし、もぐった海士の男狭磯は死んでしまった。この話になんとなく腑に落ちないところがあるのは、テクストによっては鶏卵ほどもあったという（矢野憲一）巨大な真珠が取れたなら、それを持ち帰って宝物にしておけばよかったのではないかと思われるからで、猪や鹿をいくら取っても大真珠には及びそうもない。それに海底の大真珠は海の神、竜神の宝物に違いなく、これを取ってくれば、海神の怒りが怖れられるのではないだろうか。島の神と海の神の戦いとなれば、竜神のほうが力が勝っていそうな気がする[60]。

矢野憲一『鮑』では、ほかにも大真珠の話があり、長崎では梨か柿かというほどの真珠が取れたといい、安房では、海上に小島が出現したと思ったら、島が口を開いて、大アワビだとわかったという。同じ安房の日の浦では大アワビを怒らせると嵐になるといわれ、だれもがこれを怖れていたが、漁師に恋人がいた海女が、海が荒れれば、漁師は漁に出ないからゆっくり逢瀬がたのしめると、大アワビにつぶてを投げて嵐を呼んだところ、漁師の乗った舟が怒濤のなかに沈んだ。海女はそれを救おうと沖へ向かって泳いだが、男にたどりついたときは力尽きて、ふたり抱き合って浜へ打ち上げられた（『大語園』より、矢野の要旨による）。

アワビを祀っている神社は茨城の西金砂神社（東金砂神社もか）で、スクナヒコナがアワビに乗って漂いついたのを祀ったという[61]。

那智滝の滝壺には九孔のアワビが沈められている。花山法王が那智で苦行をしていたとき、竜神があらわれて宝珠と九孔のアワビを授けたという[62]。

貝の神話で忘れられないのは大やけどを負って死んだオオナムチを生き返らせた貝の女神たちの話だ。話は因幡の素兎の件に続いて、オオナムチを亡き者にしようという兄弟の八十神たちが、猪と偽って山の上から真赤に焼いた大石を転げ落として、オオナムチに抱きとめさせた。オオナムチは全身やけどを負って死んでしまうが、母神が神産巣

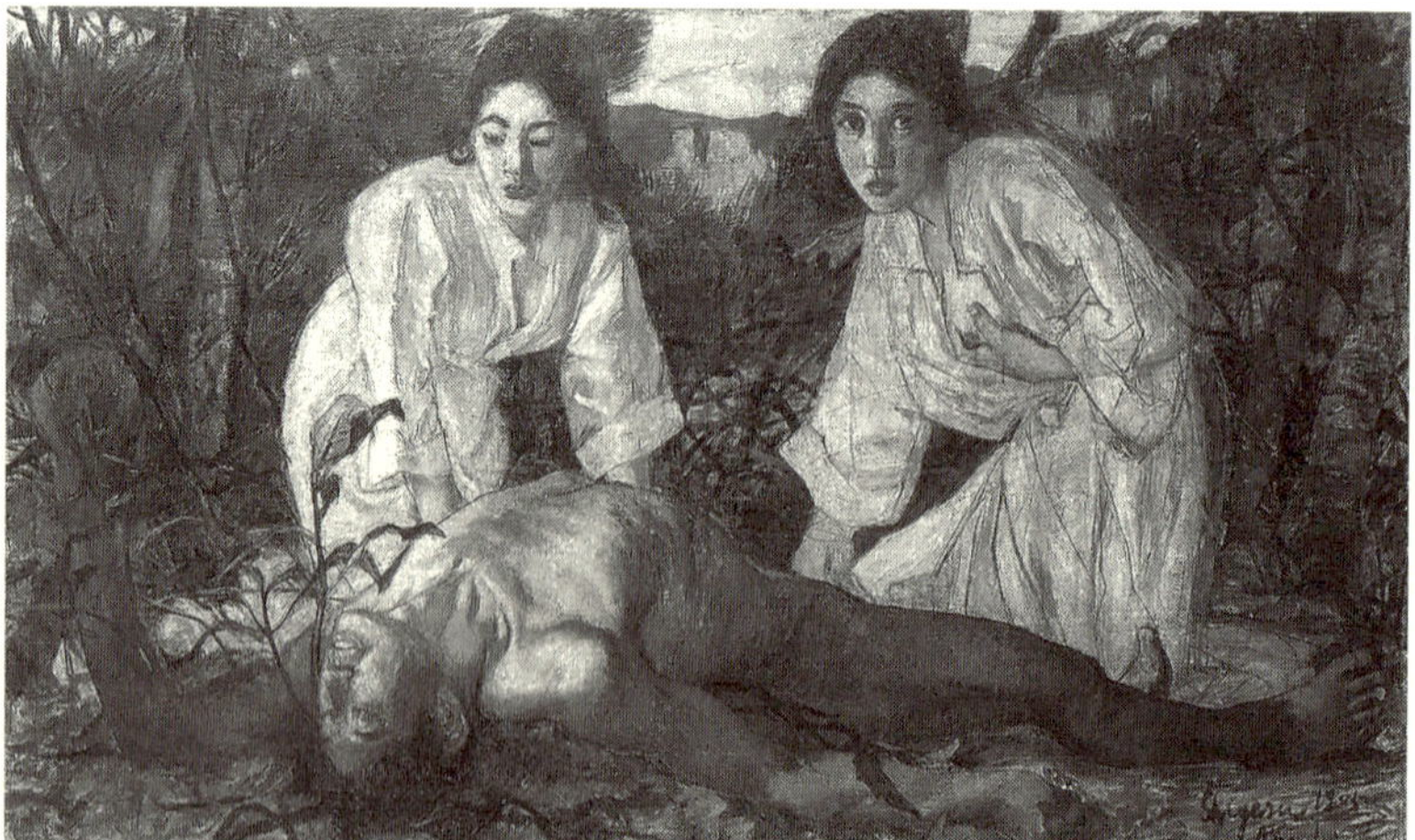

やけどを負って死んだオオナムチを貝の女神キサカイヒメとウムガイヒメが乳を搾って生き返らせる。乳というのは蛤が吹き出す「潮」のこととも思われるが、また、貝の女神がオオナムチを生みなおして、授乳しているところともみられる（青木繁画、1905年、ブリヂストン美術館蔵）

日の神に頼んでウムガイヒメとキサカイヒメを送ってもらう。いずれも貝の女神である[63]。彼女たちはさっそく乳を搾り、貝の粉とまぜてオオナムチの身体に塗って生き返らせた。貝の乳というのは「潮吹き」と称するものであろう[64]。

蛤は「潮」を吹くとともに、雲気を出して竜宮の光景など、要するに蜃気楼を現出する。あるいは「舌」を長く伸ばすともいう。雀が海に入って蛤になるともいう。蛤が女になってやってきて嫁になり、料理をするところを見るなと言うのを見ると鍋にまたがって小用を足している。何をしていると言って顔をだすと、見られた以上、ここにはいられない。自分は蛤であると言って海へ向かって去ってゆくという「蛤女房」の話はよく知られている。これも蛤の「潮吹き」からの連想だろう[65]。

これが「鯉女房」だと、魚が鍋に入ってバシャバシャやっている。あるいは卵をしぼり出しているというのもある。山形では鮭だが、一般には鯉が多い。竜宮女房になるものもある。

魚との異類婚は女が去って行って終わりになる。蛙女房

助けてやった蛤に案内された竜宮で、雀のもてなしを受ける（幾治茂内作『蛤金久連里』江戸中期、国立国会図書館蔵）

蜃気楼

（鳥山石燕画『百鬼夜行拾遺』1805 年、国立国会図書館蔵）

蛤は「気」を吐いて、竜宮の様子を浜辺に現出するという。これは蛤が「潮」を吹くところから出た伝承と思われる。また雀が海に入って蛤になるともいう。

蛤の艸紙
(『御伽草子』江戸時代、国立国会図書館蔵)

あるとき漁師は蛤を釣り上げた。蛤は美しい女になって、男の嫁になった。しかし彼女が機を織るところは覗いてはならなかった。それにもかかわらず覗いてみると女は蛤になって海へ戻っていった。

でも同じだが、蛇の場合は多少変わっている。ヨーロッパの蛇女房は蛇の姿を見られると去ってゆくが、そのあとも子供たちの世話をしに戻ってきたり、一族の繁栄を見守ったりする。日本の蛇女房は正体を見られて追い出されたあと、竜蛇になって子供をさらいにくる。[66] これはシチリアなどの水妖でも同じで、去って行った妖精が海のなかに子供をひきこむ。[67] 単純に別れてそれっきりという場合は、短い間だが、異類との婚姻生活は幸せだったことが多い。それに対して、別れたあとがある場合は、狐女房や蛇の目玉などだと、子供の成長を心配して見守るところがあるが、世界的には子供をさらいにくる例が多い。[68]

海の精霊である魚、あるいは人魚を食べようとすると、魚が口をきいて、放してくれ、さもないと洪水になるというのは、日本では沖縄でよく語られる話である(後藤明『「物言う魚」たち』)。南太平洋では、ウナギや蛇を食べようとして壺のなかに入れておくと、その獲物が口をきいて洪水を予言する。かまわずにその獲物を食べると洪水になったり、毒にあたって死んだりする。東南アジアでは蛇やワニの場合が多く、実際にこの地域では蛇やワニを食べている。それに対してポリネシアでは蛇もワニもいないのでウナギになる。[69]

片目の魚

日本では各地に片目の魚の伝承があり、柳田國男が『一つ目小僧その他』で紹介している。埼玉の荻島村の浄山寺に「片目地蔵」があるが、地蔵が茶畑に入って目をついて、門前の池で目を洗ったところ、池の魚がみな片目になったという。「神仏にかぶれて」片目になったというのである。[70]

古志郡宮内の一王神社のかたわらに池があり、片目の魚がいる。春秋の祭りに魚を生贄に供えたなごりという。名古屋の正木町の八幡宮にも片目のフナがいた。これは瘧《おこり》を病む者のまじないに使われたという。いずれにしても「片目の目のものは常に神物である」と柳田は言っている。生贄にする魚の片目をつぶして目印にしたからともいう。あるいは高僧に魚を供するに、片側だけ焼いて供したともある。魚ではなく、蛇の場合もあり、これも神蛇、霊蛇で、

大国主とスクナヒコナ
(塚田菅彦『神代のおもかけ』挿絵、1913 年、国立国会図書館蔵)

あるとき大国主が出雲の美保の岬にいると、「波の穂より天の羅摩船に乗りて、鵝の皮を内剥ぎに剥ぎて衣服にして、帰り来る神ありき」。これがスクナヒコナである。日本書紀ではガガイモの莢に乗ってきたといい、装束はミソサザイのようであったとも、蛾の皮をまとっていたともいうが、海から寄りつく神で、海洋神の性格を持っている。大国主とともに各地を巡行し、国づくりに励んだあと、粟の茎に登ってはじかれて常世の国へ帰って行ったというが、海のかなたへ去って行ったのである。その後、常陸国風土記では大洗海岸に漂着したといい、やはり海から流れ寄る神で、恵比寿神にも近い性格を持っている。大国主の分霊ともみなされるが、大国主自身、その子コトシロヌシが海洋神であったことから類推されるように海洋神の性格を持っていた。最後に出雲に大社を建てて、幽世の神となったときも、海底から泥をとってきて社の甍をつくったというように、海辺の神の性格を持っている。幽世自体が海のかなたの常世と同じであるなら、スクナヒコナと同じく、海を渡った彼方の国に鎮座する神なのである。

これを梅の枝で打ったところ片目になったともいう。一つ目の神は鍛治神で、鑪の火を片目をつぶって見つめるので、片目になったという。鍛治屋が一つ目、一つ足であるのは世界的な伝承でギリシャでもキュクロペスといった一つ目の怪物がいる。日本ではほかに各地の御霊神社で祀られている鎌倉権五郎が一つ目であるが、これは戦場で片目を射られたためである。しかしその特徴がとくに霊験を呼んでこれに祈願をすれば叶わぬことはないとまでなるのは、尋常一様ではない特異性が神霊の特異性に通ずるからで、たとえば西洋の黒聖母のごときも、白い聖母ではありきたりで、なんら特別の霊験はないのに対して、黒い聖母には霊験が豊かであると言い伝えるのと同じであろう。片目の魚の場合もその神社で祀る神霊が常ならぬ由来をもっていて、霊験あらたかでありながら、神像の目を片方つぶすごときはあまりにもったいないことと遠慮をし、池の魚のみ片目にしておいたのであろう。これはたとえば、この池でとった魚をその神社に供えるときに片目をつぶしておくという習慣にあらわれているかもしれない。魚は皿に載せるのでも、三方に載せるのでも、片身しか見えないので、あらかじめくりぬいた方の目は見えないようにして神に捧げておけばいいのである。あるいは片身だけ焼いて供えるのでもよく、高僧に片身だけ焼いた魚を供したら、その後その池の魚がみな片目になったというのは、神話と儀礼のあいだのアナクロニスムで、片身だけ焼いて神に捧げる慣習があってそこから演繹した由来譚であろう。[71]

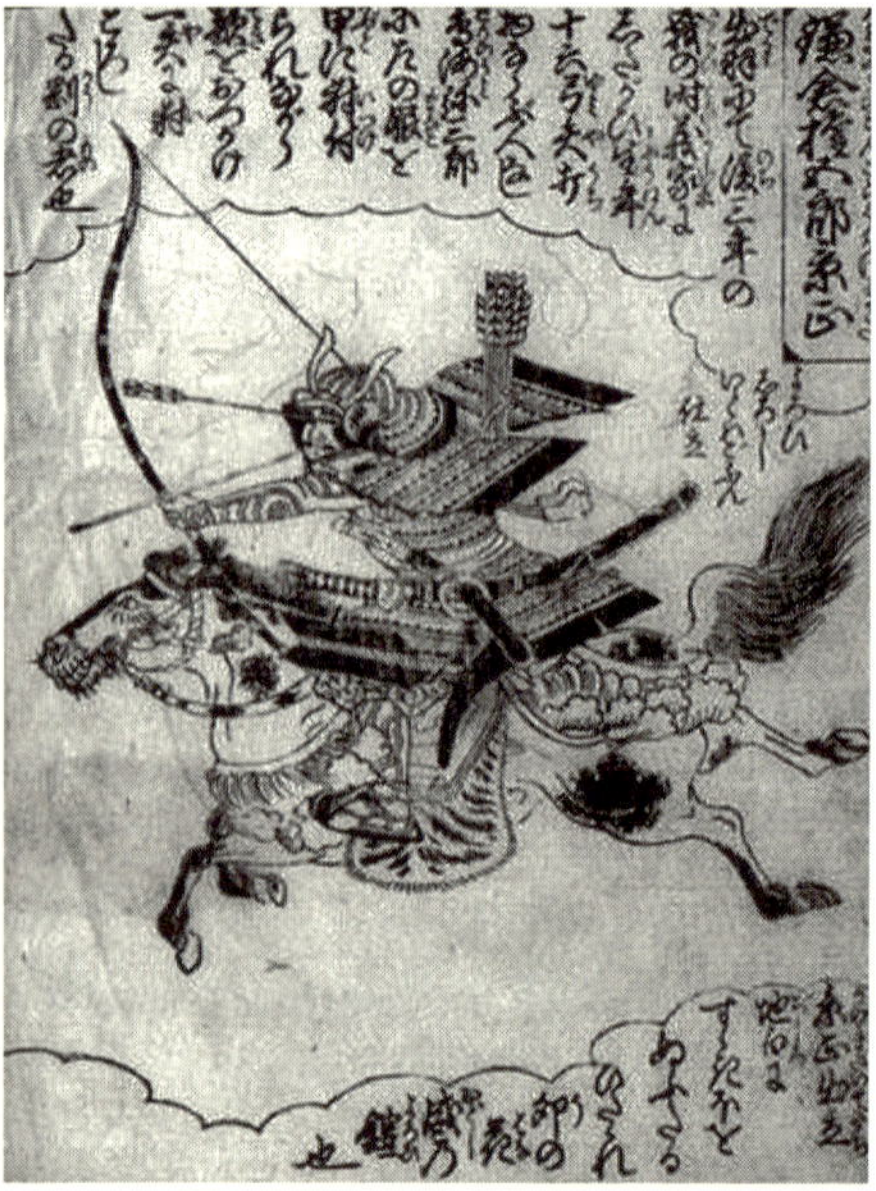

目を射られた鎌倉権五郎（『絵本写宝袋武者尽』）

二、中国の神話

中国の海神

東海竜王など四方の海に竜王がいてそれぞれの海域を支配している。

媽祖は海の女神である。「うまれながらにして超能力をもっていた林氏の娘は、ある日、海へでかけていった父と兄が遭難し、父がまだ生きていることを知る。そしてその感知により無事に父を助け出す。その後、彼女は、『海で遭難した時に私を念ずれば、必ず助けましょう』と言い残して自ら海に身を投じた。人々は彼女を媽祖として天妃宮に祭り、信仰するようになった」(『浦島太郎はどこへ行ったのか』)。

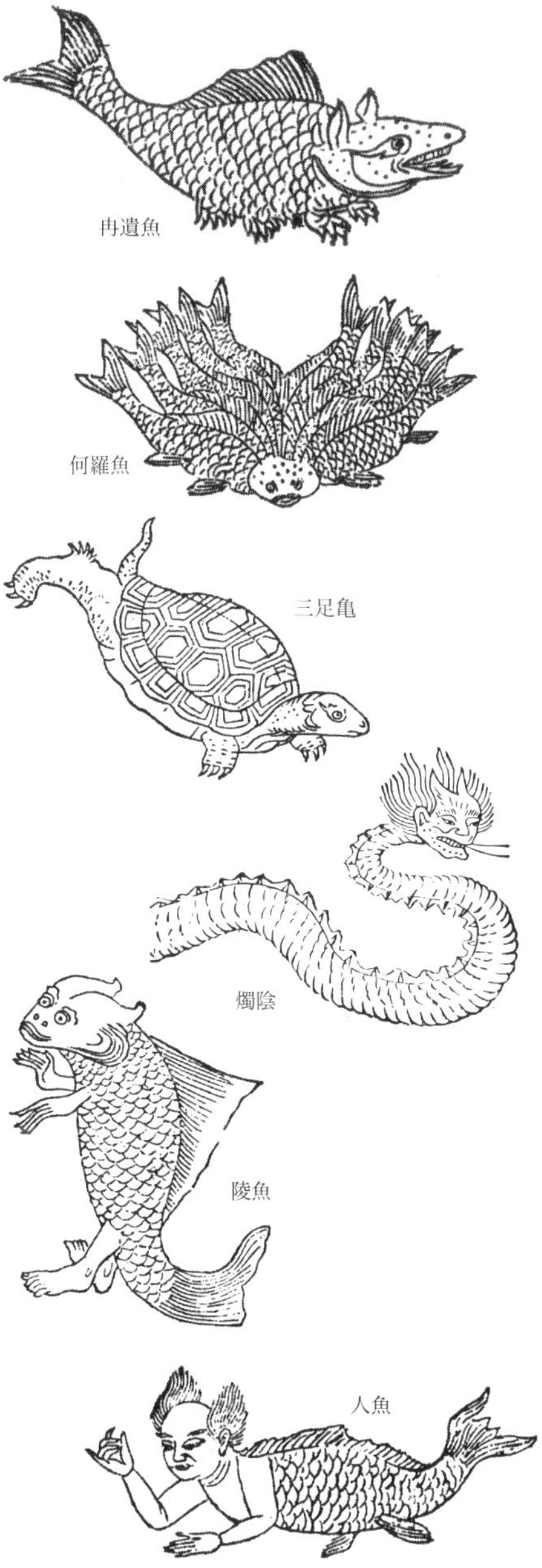

(『山海経』より)

『山海経』の怪魚たち

西山経に文鰩魚がいる。「状は鯉の如く、魚身であって鳥の翼を持ち、蒼い文があって白い首、赤い嘴、（……）夜に飛ぶ。その声は鸞鶏のよう（……）これを食うと狂を癒す。これが現れると天下は大いにみのる。」冉遺魚というのは、「魚の身に蛇の首、六つの足、その目は馬の耳のよう」「これを食うと目のかすむことなく、また凶をふせぐに」よい。鰠魚は「騒げば、その邑に大戦おこる」。北山経の滑魚はウナギの仲間のようで、これを食うとイボがとれる。何羅魚は一つの首に十の身がついている。犬のように吠える。中山経の旋亀は鳥の首に鼈の尾、その声は木を裂くよう。三本足の亀もいる。これを食えば腫れものが治る。この地には鰐も多い。海外北経には燭陰という人面蛇身の神についての記述がある。この神が目を開けば昼となり、目を閉じれば夜になる。吹けば冬となり、呼べば夏となる。身の長さ千里という。海内南経は人魚の国について語る。海内北経の人魚（陵魚）には足がある。

乳海を掻き回す神々と魔物たち（1860 年頃、ヴィクトリア＆アルバート美術館蔵）

三、アジア・オセアニアの神話

インドの海の神話

・乳海攪拌

ヴィシュヌが亀になり、そのうえにマンダラ山を載せ、蛇神ヴァースキをからませ、神々とアスラが蛇の両端を持って引き合って、山を回転させ、乳海を攪拌、霊薬アムリタを得た。

・ガンジス河の女神

ガンジス河の女神ガンガーは天界から地上に降下してガンジス河となった。女神はワニに乗った姿であらわされる。南インドの遺跡にはガンガーの降下をあらわす有名なレリーフがある。

・インドの水神

ヴァルーナが水を支配する。またアパム・ナパートも火神であるとともに水神である。

・インドの魚神

蛇神ナーガの姿で降下するガンガー（7世紀、南インド、マハーバリプラムの遺跡浮彫）

ガンジス河をワニに乗って下るガンガー女神（インド国立博物館蔵）

マカーラという怪魚がいる。ときにマハカラ（大黒）とも同一視される。

・マヌの洪水

マヌがかわいがっていた魚はどんどん大きくなって、海へ放さざるをえなくなった。魚は最後に洪水が起こることを告げた。

・大洋の真珠

インド洋の底に巨大な真珠貝があり、そのなかに巨大な真珠が宿っている。それをもっていれば願い事がなんでも叶う真珠である。

洪水神話

洪水の原因としてはルソンではウナギが川をせきとめたので洪水になったが、神が蟹を遣わすと、その蟹がウナギを切って洪水をおさめた。鯨が水をはきだして洪水になった話もある。同じルソンではウナギが山の守り神となっていて、そのウナギを殺すと洪水になると語る話もある。ニューギニアでは木の下でしずかに口から潮をふくウナギがいた。そのウナギを矢で射るとそこから潮水があふれて洪水になった。オセアニアでは一般にウナギ、蛇、ワニ、竜が水神で、これをとらえて食べると洪水になる。

後藤は大蛇や大魚による攻撃は、水そのものによる攻撃と同じで、水に呑まれることと大蛇や大魚に呑まれることは同義であるとする。そしてその胎内から生還することは水難から生き返ることであり、生まれ変わりと浄化をあらわす。そのあと作物の起源や、火や土器の起源が語られるが、ポリネシアでは洪水の後、別の島に移動する航海神話になり、洪水が航海の発端となるとともに新世界の発見につながるともされる（後藤明『「物言う魚」たち』）。

アボリジニーの神話

ヒトデは鯨のカヌーをうらやましがった。あるときヒトデが鯨の頭から虱を取ってやっている間に、その仲間のコアラたちがカヌーに乗って逃げ出した。鯨はおこって、ヒトデを八つ裂きにし平べったくして海底に沈めてしまった。しかしヒトデのほうも鯨を切ったので、鯨は頭から潮

大洪水
（ギュスターヴ・ドレ画、1866 年）

旧約聖書の「ノアの方舟」をもとにしたこの絵では、運命にあらがい子供たちを救おうとむなしい努力を行う人間とトラが描かれている。インドでは魚がマヌに洪水を告げる。ポリネシアでは魚が大洪水を引き起こす。水のなかの魚は洪水によっても滅びない。それ以上に陸上の人間たちの傲慢を魚が罰するとも思われる。

洪水
(ニコラ・プッサン画《冬（洪水)》、1660年頃、ルーヴル美術館蔵)

この洪水図では画面左の岩上に蛇が描かれる。人間の破滅をもたらしたものとして、洪水でも蛇が主役をつとめる。

を吹くようになった。コアラは力いっぱいカヌーを漕いで島についた。そこでコアラと仲間たちはカヌーをふみつけてつぶしてしまった。(『オセアニア神話』)

ポリネシアの神話

二人のネズミイルカの少女たちは、浜辺で尾ひれを脱ぎ捨てて女の姿で、男たちの踊りを見物していた。あるとき、一人の男が少女たちの様子を盗み見、尾びれを隠した。少女は海に戻れなくなった。男と少女は結婚をし、子供が生まれた。尾びれは梁にかくされていたが、イルカ女はそれをみつけて海に帰った。ただ子供たちにはけっしてネズミイルカの肉を食べないように警告していった(『オセアニア神話』)。

漁師の息子ハガスイマエはなんとかしてサメになりたかった。そこで、カリフィアという偉大な力をもったサメ男に来てもらった。カリフィアが青年に触れ、呪文をとなえると青年の身体はほろび、魂がサメに乗り移った(『「物言う魚」たち』)。

ポリネシアではサメ神がいて、サメたちを支配していると同時に、人間に化けて、島の女のところへ通うという(矢野憲一)。

ソロモン群島でもサメは祖先霊であるとされ[72]、それぞれの家族に守護してくれるサメがいて、困りごとがあると海へでてその守護サメに相談する。また雨乞いをすることもある。このサメの肉を食べることがタブーとなっている場合と、逆に、それを食べて「祖先の力を自分のものにする」(矢野)場合がある。また、海で死ぬとサメに生まれ変わって、守護霊になるともいう。サメとワニの関係でいうと、スマトラのニアス島ではこの両者が混同されているという(木村重信)。これは内陸部で人食いの虎が、西洋の人狼のような怪物としておそれられているのと同じで、沿岸部でもっともおそろしい人食い動物としてサメとワニが等しくおそれられていることから生まれた混同だろう。部族から追放されたものがその地域でおそれられる人食い動物に変身するのである。

オセアニアの海神

オセアニアの海神はタンガロアである。タンガロアは万物の創造神である。なかんずく魚類の父となった。彼は海に棲んでいて、怒ると岸に荒波を打ち寄せる。彼は栽培植物の父であるロンゴの兄弟である。

四、南北アメリカの神話

エスキモーの海神

セドナがアザラシや魚類の支配者である。セドナは太古の巨人族の娘だったが、あるときカラス（またはカモメ）がやってきてさらっていった。父親が取り戻しにゆき、娘をカヌーに乗せて漕いで逃げたが、カラスの呼び起こした嵐に翻弄され、やむなくセドナを海へ突き落とした。セドナはカヌーの船べりにつかまったが、父親はその十本の指を切り落とした。それらの指はそれぞれアザラシや鯨になった。そして最後にセドナを大海の底へ突き落とした。セドナはそこで、海と海中の生物すべての支配者となった。

ほかの伝承では海を支配しているのはシャチの精霊である。このシャチの精霊が女をさらっていったとき、女の夫があとを追って、海底のシャチの家にはいりこんで、炉の火に水をかけて灰神楽を立ててそのすきに女をつれて逃げようとした。シャチが追いかけてきたので、男はシャチに魔法の薬を吹きかけた。するとシャチはどんどん膨らんで戸口を通れなくなった。シャチの妻が駆けつけて小便をかけて、縮ませようとしてが、なかなか縮まず、そのすきに男と女は逃げおおせた。（『アメリカ・インディアン神話』）

カナダの洪水神話

クロスキャップと氷の巨人が戦った。巨人が地面を踏みならすと水があふれた。クロスキャップが変身の歌をうたうと、巨人は巨大な魚になって、海へ流されていった。（『大洪水が神話になるとき』）

アステカの海の神話

シバクトリは原初、海しかなかったときにいたワニ女神。テスカトリポカが自分の足を餌にしてとらえ、その死体から大地をつくった。

五、メソポタミア・エジプトの神話

メソポタミアの海神

メソポタミアには海神で魚の下半身をもった神ダゴンがいる。ペリシテ人が崇拝した。聖書では悪の原理をあらわすとされる。潮水の女神ティアマトは、マルドゥクと戦っ

メソポタミアの海神ダゴン
(ニムルドの浮彫より)

マルドゥク（右）とティアマトの戦い（ニムルドの浮彫より）

アポピスを退けるトート
（古代エジプトのパピルス、カイロ、エジプト博物館蔵）

太陽神ホルスは太陽の舟に乗って夜の海を航行し、東の空へ向かう。舟のへさきにはトキの姿のトート（またはセト）が立って、海中の毒蛇アポピスを退ける。これが毎日繰り返され、この危難の航海をくぐり抜けることで、ホルスは日々あらたになる。なお、イシスやファラオの権威を象徴するコブラ・ウラエウスは灼熱の太陽をあらわす。アポピスは夜の海の悪の権化である。

て敗れ、その死体から天と地が生まれる。

古代エジプトの神々

エジプトでは原初の混沌の海がヌトと呼ばれた。

ワニの姿のソベクを祀る神殿にはワニを飼う池が設けられていた。ナイルはこの神の汗から生じるとされた。

ナイルの洪水のあとの泥土からいっせいにわき出すカエルは生命の復活と豊穣をあらわすという。カエル女神ヘケトが羊神クヌームと協力して粘土をこねて人間をつくる。

ヘケトは出産を司る女神として知られている。

ワニの頭部をもつソベク神（エジプト、コム・オンボ神殿の浮彫）

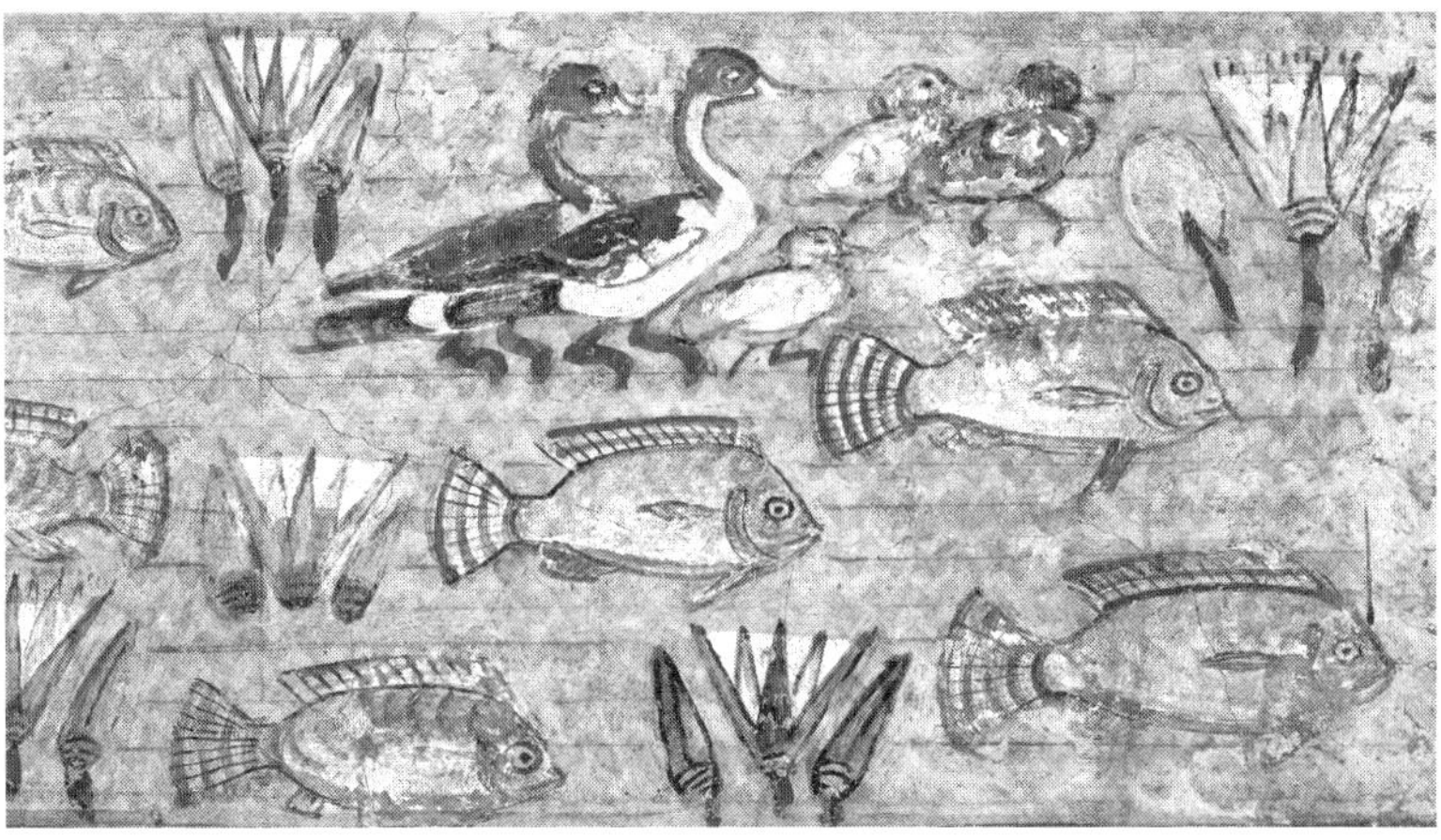

古代エジプトの庭園図に描かれた魚（ネブアメンの墳墓壁画、大英博物館蔵）

六、ヨーロッパの神話

ギリシャ神話の海の老人

ギリシャ神話では海の神はポセイドンだが、『神統記』で最初に誕生する海の神はポントスである。ポントスは単独でネレウスを生んだ。「海の老人」である。

またウラノスとガイアから生まれたティタンたちの筆頭としてオケアノスがいる。これは世界をとりまく辺境の海である。オケアノスの后はテテュスである。

さまざまに姿を変えるとらえどころのない神プロテウスも古い神で、彼もまた「海の老人」と呼ばれる。ありとあらゆることに通じた知恵ものだが、その知識を人に告げることを嫌っていて、力づくで口をわらせなければならなかった。プロテウス

海の老人ネレウス。ヘラクレスはヘスペリデスの園へ行く道をネレウスに尋ねた（古代ギリシャの陶器、ルーヴル美術館蔵）

原初の海神オケアノスは地の果てで大地を取り巻いている。世界の海の水はそこに滝となってそそいでいる。地獄の河がそこから出ている（ローマ時代のモザイク、スペイン、パレンシア考古学博物館蔵）

ゼウスとオリュンピアス
（ジュリオ・ロマーノ画、1530年頃、マントヴァ、パラッツォ・デル・テのフレスコ画）

ゼウスが下半身蛇になってオリュンピアスを犯そうとする。神話では蛇となって通ってきた大神をオリュンピアスは床に入れて同衾し、アレクサンドロス大王を生んだという。この絵では「聖婚」の場をオリュンピアスの夫のピリポが覗いて見ているが、彼はもちろん神を恐れてその場に踏み込まない。

はさまざまに姿を変えて逃げ回るため、なかなか思う通りにはならない。なんとか成功したのは養蜂の神アリスタイオスで、あるとき、飼っていた蜜蜂が死んでしまったので、その理由をプロテウスから聞き出そうとした。アリスタイオスは、プロテウスがアザラシにまじって日向ぼっこしているところへ近寄って老人をつかまえ、秘密を聞き出した。メネラオスは自身がアザラシになってプロテウスに近寄り、帰国の道を聞き出した。何にでも姿の変わるプロテウスは、器にあわせて自由に形を変える水の性格をあらわしているとともに、アザラシ神であったかもしれないと思われる。

　海の娘ネレイデスたちの父親はネレウスである。エチオピアの王妃カシオペアは娘のアンドロメダの方がネレイデスたちより美しいと言ったために竜に襲われた。天空から投げ落とされたヘパイストスを抱きとめて養ったテティスはネレイデスのひとり。リュクルゴスに追い詰められて海へ飛び込んだディオニュソスを抱きとめたのも同じテティス。ゼウスが彼女を妻にしたがったが、テティスの息子は父親よりすぐれたものとなるという予言があり、プロメテウスだけがそれを知っていた。ゼウスはその予言をプロメテウスを解放することの見返りとして教えられた。そこで、ゼウスはテティスを平凡な男と結婚させることにした。そこで白羽の矢が立ったのがペレウスだったが、テティスを獲得するには海神として、何にでも姿を変える能力をもっていた女神をとらえていうことをきかせなければならなかった。女神はとある洞窟で休んでいたところをペレウスに襲われたが、水や火やさまざまな動物に姿を変えて逃れようとした。ペレウスは、断固として女神を放さなかった。

ギリシャ神話のイルカ

イルカの神話ではアーリオンの話がある。アーリオンはシチリアからコリントスへ向かう船で、船乗りたちにとらえられ身ぐるみはがれたがリラをかなでて海に飛び込むと音楽に魅せられたイルカが彼を救って、ギリシャの地へ運んだ。[73]

　ギリシャでは生まれたばかりのヘルメスが亀をつかまえ

イルカの背に乗るアーリオン
（アルブレヒト・デューラー画、1514 年、
ウィーン、アルベルティーナ版画素描館蔵）

竪琴の名手アーリオンはシラクサの音楽祭で賞をとって帰る船の上から船員たちによって身ぐるみはがれて海へ投げ落とされた。しかし最後に竪琴の曲を演奏させてもらうと、イルカたちが集まってきて、海に落ちた彼を乗せて岸へ運んだ。アーサー・C・クラークの『イルカの島』（167 頁参照）はその神話に想を得ている。ドイツのデューラーが描くイルカはドラゴンのようにも見える。

老人として描かれたポセイドン
（ポープによる翻訳版『イリアス』〔1718 年〕の挿絵、大英図書館蔵）

ギリシャ神話では海の神はオケアノス、ポントス、プロテウス、ネレウスなど多数だが、いずれも「海の老人」と呼ばれることがあり、多くは老人として描かれる。これはポセイドンも例外ではなく、髭を生やした老人として描かれている。ただし三つ叉のサスが彼の持物であり、白波をあらわす馬群が引く車に乗ってあらわれる。ポセイドンはほかに内陸でもあらゆるところの水を支配する神であり、また地震の神でもある。海神が怒ると地震が起こるというのはナマズが暴れると地震になるというのと似た発想である。

ポセイドンとアテナ
(コンスタンティン・ハンセン画、1851 年頃)

ポセイドンはアテナとアテナイ市の守護神の地位を争った。ポセイドンは三つ叉のサスで、大地を刺して、泉を吹き出させた。対してアテナはオリーヴの木をアテナイ市に与えた。アテナイは後者をよりすぐれた贈り物とみなして、アテナを市の守護神とし、アクロポリスにアテナ神殿を建てた。

ポセイドンとアムピトリテの凱旋
（ニコラ・プッサン画、1634年、フィラデルフィア美術館蔵）

ポセイドンは荒波を表わす駿馬にまたがり、妃のアムピトリテはイルカに引かせた舟に乗る。まわりには海のニンフたち、ネレイデスが付き従う。女神たちだけではなく、男神も2、3姿をみせている。が一般にポセイドンの眷属は海の妖精ネレイデスとイルカの姿のトリトンたちとみなされている。

て、リラを作った。このリラはアポロンに献じられた。

イルカについてはプリニウスもいくつかの例をあげている。そのひとつでは、湾の向こう岸の学校へ通っていた少年がイルカにパンを与えているうちになれてきて、毎日湾を横切って少年を学校へ送りとどけていたという。また漁師たちと共同で魚を追い、浅瀬に追いこむイルカがいるという[74]。

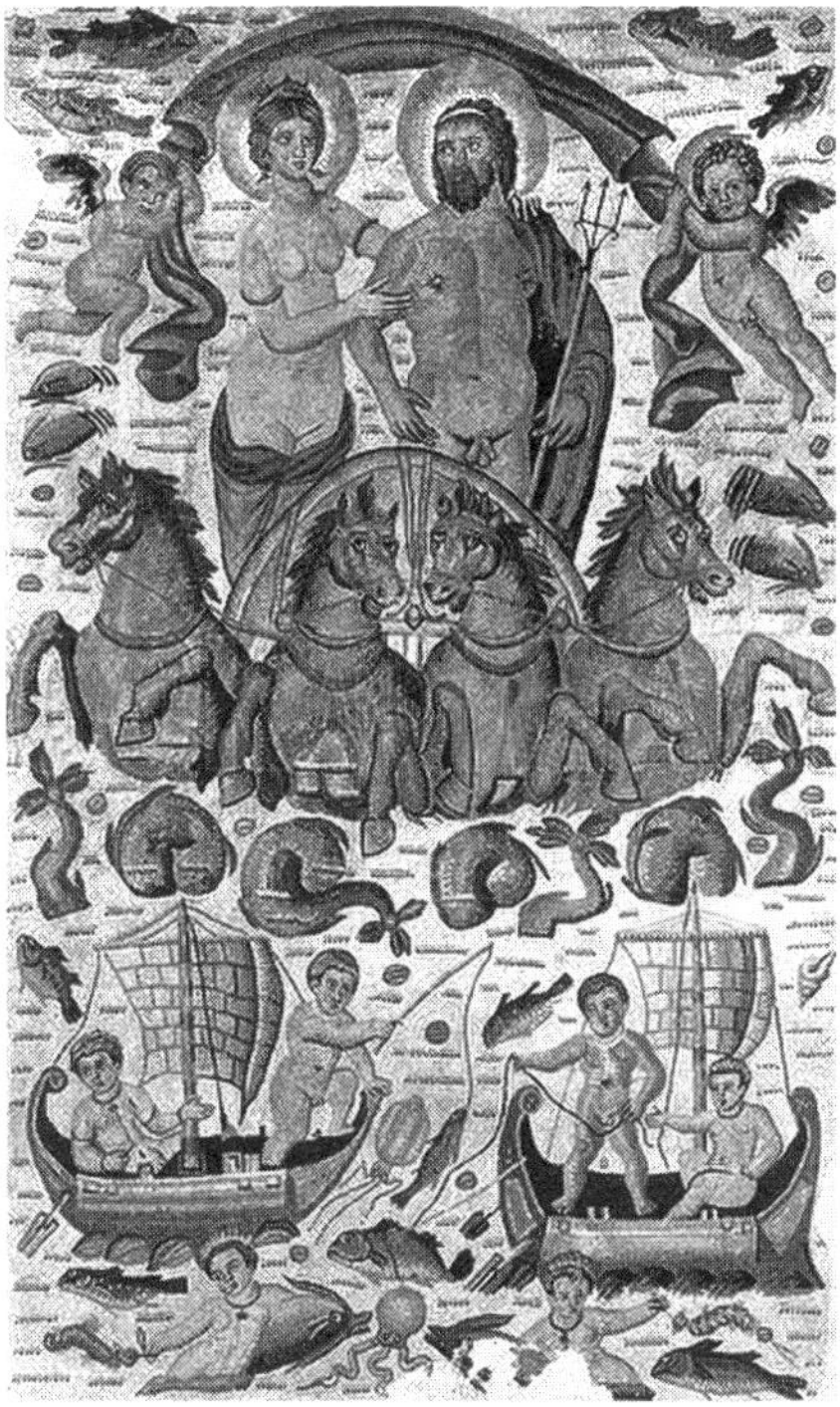

ポセイドンとアムピトリテ（キルタのモザイク画、320年頃、ルーヴル美術館蔵）

ギリシャ、クレタ島のクノッソス宮殿に描かれたイルカの壁画

人魚型の海神トリトン
（古代ギリシャの陶器）

トリトンはポセイドンの息子で、酒に酔って寝ているところをディオニュソスによって殺されたともいう。とある湖でディオニュソスの信女たちが水浴をしていたとき、トリトンがその女たちを追い回して、ディオニュソスに罰せられたことがあって以来、酒の神に目の敵にされていたのである。彼の吹く法螺貝の音は世界中に響きわたる。

イルカは海神トリトン、あるいはネレイデスの眷属で、ポセイドンとアムピトリテの婚礼にはイルカたちが先導した。ギリシャ神話では海の神としては女神のテティス、海の老人というプロテウス、地の果ての海にすむオケアノスなどがいるが、いずれもイルカを従えている。[75]

聖書の魚

イルカがさまざまに描かれるのに対して、鯨はギリシャ神話にはあらわれないが、聖書ではヨナが鯨に呑み込まれて三日後に吐き出された話がある。これも船乗りたちによって海に投げ込まれたのが原因だが、ニネヴェに向かうよう神に命ぜられたヨナが反対方向に向かったので、船が進まず、それを知った船乗りたちによって海に投げ込まれたのである。

この種の話としては高麗の祖の作帝建が、実父である唐の皇帝に会いにゆく途中、船員たちに海へ投げ込まれた話もある。船が進まないので、くじを引いて竜王への生贄にされたのである。しかし作帝建は竜王に助けられ、竜宮を襲う怪物の狐を退治して、かわりに竜宮の乙姫をもらって国へ帰る。

マルコ伝第八章によると、キリストは四千人の飢えた人々にパンと魚を分け与えた。パンも魚も四千人にゆきわたった。

また、漁師をしていたペトロにキリストが現れてペトロは使徒になった。旧約聖書が火山の神を描いたのに対し、

鯨に呑まれるヨナ（アミアン大聖堂の浮彫）

鯨に呑まれるヨナ
（イタリア、アクイレイア大聖堂のモザイク）

ある日、ヨナに主があらわれて、アッシリアの都ニネヴェへ赴いて、彼らの悪を正すように言った。ヨナはそれを拒否し、反対の方向へ向かう船に乗った。しかし船は進まず、船員たちは、ヨナがその原因であることを知って、彼を海中へ投じた。すると一頭の鯨が口をあけて彼を呑み込んだ。ヨナは鯨の体内で三日三晩をすごしたあと、浜辺に吐き出された。悔い改めたヨナはニネヴェへ向かって、神の言葉を伝えた。すると人々は彼の言葉を信じ、改心した。

水中の怪物レヴィアタン
（ギュスターヴ・ドレ画）

創世記で神が5日目に「水に群がるもの、すなわち大きな怪物」を作ったとあり、ヨブ記に記述される。コラン・ド・プランシーの『地獄の事典』によれば、「地獄の海軍大提督」とある。民間のドラゴン像の原型とされる。有翼で口から火を吹く。地上の妖怪ベヘモスと対をなし、ときに雌とみなされ、ベヘモスと番うともされる。聖書ではほかに、七つ頭の竜が空の星をはたき落としながら、赤い衣の女の前に落ちてくる（「黙示録」）

新約聖書は海や湖のほとりの漁師の世界と水による洗礼の秘跡を描いている。改心したペトロは「人を漁《すなど》る漁師」となり、同時にキリスト教会の礎石《ペトロ》となった。

ケルトの神話

邪眼のバロールは孫に殺されるという予言をきいて、娘を洞穴にとじこめ、十二人の娘たちに番をさせた。キアンはそこに忍び込み、十二人の番の娘ともども、幽閉の王女を凌辱した。バロールはそれをしって、生まれた子供たちをすべて海に投じ、アザラシに変えたが、ルークだけが生きのびて、バロールを退治した。

ケルトの海の神はマナナン・マク・リルである。

フィアナ騎士団の首領フィンは若いとき、詩を学ぶためにフィンネガスに弟子入りした。あるとき、フィンネガスは知恵の鮭をとらえ、フィンに料理するように命じた。フィンは鮭を焼きながら、鮭に触れて指をやけどし、その指を口へもっていった。そのおかげで、鮭の知恵を獲得した。

ペトロの奇跡の漁（コンラート・ヴィッツ画、1400年頃、ジュネーヴ美術歴史博物館蔵）

カレワラの魚神話

ワイナモネンは巨大なパイク（カマス）を退治してその顎の骨で竪琴をつくり、それを弾いて動物や神々を感動させ、みずからも感動して流した大粒の涙が青い真珠になった。（内田恵太郎『私の魚博物誌』）

北欧の水の神話

エーギルは海の巨人ともいう。妻はラン。溺死者たちの墓をあらわす。波や海の力をあらわす九人の娘をもつ。

ニョルドはフレイとフレイヤの父。山の女神スカディと結婚するが、スカディは海辺になじまず、別れる。航海や漁に出るまえにニョルドの加護を祈る。もとはヴァン族だが、アース族との話し合いでアース族に入った。

北欧の森の妖怪トロールのなかには水中に棲むものもいる。水馬もその同類だが、すべて雄性である。トロールは人を水中に引き込む。トロールは馬や品物に化けて人を誘惑することがある。それに手を触れると水に引き込まれるのだ。ただし、「水の中には針がある。マリアさまが鋼を

北欧神話の海神エーギルとその妻ラン（デープラー画、1900 年）

投げた。あんたは沈み、私は浮くよ」と唱えれば無事である（クレーギー『トロルの森の物語』）。これは金気を嫌う河童を思わせる伝承である。

北欧神話ではバルドルの死を引き起こしたロキが、アースの神々の追求をサケになって逃れようとして、果たさずついにとらえられて、ヘルの岩山に縛られる。

フランスのマレ馬

水中の怪物としてはフランスでは「マレ馬」というものがいる。下半身が竜になった馬、あるいは背中がはてしなく伸びる馬で、岸辺にでて人を乗せて川底に引き入れる。何人乗ってもいくらでも背が伸びて大勢を一時に水底に引きこむ。水神としての馬の変形とみられるが、メソポタミア以来、水の底に牛、あるいは馬がいて、河川の動きを制御しているという信仰がある。ポセイドンも牛や馬の群れを海底の牧場で飼っていて、その畜群が海岸におしよせるさまが岸におしよせる波頭によってあらわされる。これは石田英一郎が『河童駒引考』でいうように、東西で信じられていた水神の姿で、中国でも牛が水神として崇拝されていた。これは田畑に豊穰をもたらす河川の水の力を、犂を引いて土地を耕して、土地の豊穰力を回復させる牛の役割と同一視したものである。

フランスの蛇妖精メリュジーヌ

あるときポワティエ伯の寵臣レモンダンは主君の催した狩りに加わり、主君と二人きりで、森の奥深くに迷い込んでしまった。猟犬たちの吠え声も聞こえない。二人っきりである。そこへ木々のあいだから猪が飛び出してきて、ポワティエ伯めがけて飛びかかった。レモンダンはとっさに手にしていた投げ槍を投げた。槍は猪の体を突き抜けて、ポワティエ伯に突き刺さった。伯は即死した。狩りの事故とはいえ、主君殺しである。ただではすまない。呆然としたレモンダンはその場を立ち去って、森のなかにさまよい出た。どこへゆくという当てがあるわけではない。どこにもいけない。そのとき、ふと誰かに呼びとめられた。ふりむくと美しい女が泉のほとりにいた。水の妖精である。妖精はレモンダンに、なにが起こったのか知っています。私がいいようにしてあげましょう、という。レモンダンは夢のような気持ちで、妖精の言葉に耳をかたむけた。妖精は言葉をつづけた。まず私に約束をして、土曜日にはけっして私を見ないで、私のことを探しもしないで欲しいの。それが約束できたら、あなたのものになるわ。ポワティエ伯の死は狩りの事故としてうやむやになった。伯爵の位と所領は伯の子がついだ。レモンダンは妖精メリュジーヌと婚礼をあげた。そして新伯爵のもとへ伺候して、鹿一頭の皮で囲めるだけの土地をいただきたいと願いでた。メリュジーヌの差し金である。願いは即座にききとどけられた。メリュジーヌは鹿をとらえ、その皮を細く細く切り裂いて、長い紐をつくり、それで土地を囲んでリュジニャン家の所領を定めた。ほとんどが森と荒地だったが、森は開墾し、荒れ地には泉を噴出させた。鹿一頭の土地はみごとな沃野となった。そのあちこちにメリュジーヌはいくつも城を建てた。夜中に空を飛んで、石を運んでくるのである。あっという間に壮麗な城がいくつも建った。リュジニャン家は栄えた。そこへレモンダンの兄弟が訪ねてきた。その日はちょうど土曜だった。奥方が姿を見せない日である。レモンダンは今日は仔細があって奥方は出てこられないと詫びた。それを聞くと、客は心外なようすで、それは異なこと、奥方にはきっと人に言えない秘密があるにちがいない。どこかの男でも引き込んではいないか。レモンダンの心ににわかに疑念がわきおこる。土曜にはぜったいに姿を見ないことという約束も忘れて、彼は后のこもった部屋の扉に刀で穴をあけ、なかを覗いた。なんとメリュジーヌは下半身蛇となって浴槽につかっていた。メリュジーヌは覗かれたことがわかったが、レモンダンが秘密を口外しないうちは何事もなかったことにしようとした。しかし、ことは彼女の思うようには運ばなかった。二人の間には十人の子供が生まれていたが、そのうちのひとりジョフロアが手のつけられない乱暴ものだった。彼は兄弟のフロモンが宗門に入って僧院にこもっているのが気にいらなかった。武門の家の名折れだというのである。僧侶どもが彼をまるめこんで修道僧にしてしまったというので、その僧院へでか

蛇の姿で入浴するメリュジーヌ
(『メリュジーヌの物語』1450-1500 年頃、フランス国立図書館蔵)

レモンダンが蛇の姿で水浴するメリュジーヌを覗き見る。覗かれたことを知ったメリュジーヌは、レモンダンがそのことを悔い、口外しないなら、なかったことにしようとしていたのだが、あるとき、息子ジョフロアの悪行を知ったレモンダンが、これも蛇女と一緒になったせいだと口走ったとき、もはやこれまでと、全身、一匹の竜となって窓から飛び出してゆく。

けていって、問答無用とばかりいきなり僧院に火をつけて、なかの修道僧もろとも焼き払ってしまった。その知らせがリュジニャンの城へもたらされたとき、レモンダンは思わず、家臣一同のいる前で、口走ってしまった。これも蛇女と一緒になったせいだ。それを聞くとたんにメリュジーヌは竜になって窓から飛び去ってしまった。二人だけの秘密を口外されては妖精にはもはやそこにとどまっていることはできなかったのである。それでも十人目の息子はまだ乳飲み子だった。そこで妖精は夜ごと舞い戻ってきては幼子を抱きあげて乳を飲ませた。その様子は乳母にしか見えなかった。そして、時が経つにつれて、さしも壮麗をきわめたリュジニャンの城にもひびがはいり、塔の石もひとつまたひとつと崩れていった。メリュジーヌはリュジニャンの城に変事があるときは竜の姿でその上空に舞い戻って、三度、警告の叫び声を発するだろうと予告されていた。そのとおりに、メリュジーヌの叫び声が幾たびか聞かれた。リュジニャン家はやがて滅びた。[76]

七、竜とドラゴン

西洋のドラゴン

キリスト教伝説では、聖ゲオルギオスや聖ミカエルがドラゴンを退治する。このドラゴンは異教をあらわす。人々がこのドラゴンに生贄を捧げるとか、神殿を建ててやったというような情報はない。異教は殲滅されなければならな

ドラゴンを退治する聖ゲオルギウス（ラファエロ・サンティ画、1506年頃、ロンドン、ナショナル・ギャラリー蔵）

い。そこで、もっとも醜怪なけだものとしてドラゴンが異教自体をあらわすこととされ、美しい騎士によって槍で殺されるのである[77]。

ドラゴン退治ではパリ司教、聖マルセルの伝記にも記述がある。あるとき、不倫の女が殺されて遺骸が放置されていたところ、森からドラゴンが出てきて、その遺骸を食おうとした。そこで聖マルセルがひとりでドラゴンに立ち向かい、祈りでおとなしくさせ、袈裟をドラゴンの首にかけ、川べりに引いていって、荒れ地へゆくか、この水のなかに消え去るかしろと言うと、水のなかに飛び込んで見えなくなったという。

民間伝承ではローヌ川などにタラスクというドラゴンが棲んでいる。毎年、このドラゴンを聖マルタが退治した物語が、祭りの際に復元され、巨大なはりぼてのドラゴンが引き出される。その体躯は甲羅の高い亀といったところで、とげが生えていたりする。顔はどちらかといえば人面である。聖マルタはキリストの福音を説いてタラスクをおとなしくさせ、彼女の帯を解いて、それでタ

聖マルタはローヌ川を遡ってタラスコンの町にやってきた。その町の傍らを流れるローヌ川にはタラスクという竜が棲んでいて、人々をむさぼり食っていた。聖マルタは怪物を帯でゆわえ、キリストの教えを説いて、悔い改めさせた（12-16世紀、フランスの時禱書、オックスフォード、ボードリアン図書館蔵）

ラスクの首を結んで、町の広場まで引きずってくる。

メリュジーヌも蛇女だったが、リュジニャン城から飛び去るときは翼の生えたドラゴンになっている。蛇とドラゴンの違いはドラゴンには翼があり、四つ足があることだろう。日本や中国の竜との違いはドラゴンは山の洞穴に棲んで口から火を吹くことだが、タラスクは水に棲んでいた。また、かなりなドラゴンが丸々とした体をしていて、亀とも豚とも思われるにもかかわらず、蛇体のものも少なくない。ドラゴンといっても蛇型と恐竜型があるといえる。現在でも人は、たとえば、インドネシアのコモド・ドラゴンを見ると「ドラゴン」だという。翼こそないが、四つ足にするどい爪が生えていて、牙も生えている獰猛な肉食獣である。

これが鍛冶族と関係があるのは、ジークフリートが退治した竜ファーヴニルに見るとおりである。これは鍛冶師レギンの兄弟だった。もともとは人間だったのが、父親を殺

インドネシアに生息するコモド・ドラゴン（コモドオオトカゲ）

ファーヴニルを殺すジークフリート（アーサー・ラッカム画、1911 年）

ヨルムンガンドを釣り上げるトール
（ヘンリー・フュースリー画、ロンドン王立芸術院蔵）

北欧の雷神トールは大地を取り巻く海蛇ヨルムンガンドを牡牛の頭を餌にして釣り上げたが、あともう少しというところで取り逃がした。戦いはラグナロク（終末の戦い）へと持ち越された。そこでトールとヨルムンガンドは相打ちとなって共に倒れた。

して、のちにラインの黄金となる宝を手に入れると、それを惜しむ邪欲の心が彼の相貌をドラゴンに変えてしまったのだ。

昔話や伝説の英雄は揃ってドラゴン退治をしている。トリスタンもドラゴンを退治して、その毒にやられたが、昔話の英雄は王女がドラゴンへの人身御供にされるところへやってきて、犬とともに怪物を退治し、王女を手に入れる[78]。

力自慢の北欧の神トールはあるとき大地を取り巻く大蛇ヨルムンガンドを、あと一息で釣り上げるところだった。これは大蛇で、ドラゴンとはいわれないが、その巨大さからいえば、まさに何万年かの年を経た古蛇である。

ギリシャ神話ではコルキスの地で黄金羊皮を守っていたドラゴン、ポセイドンがアンドロメダを呑み込むように送ったドラゴン、ヘスペリデスの園の黄金のリンゴを守っていたドラゴンなどがいる。アルゴー船に乗って黄金羊毛を取りにいったイアソンはその地の王女メディアの助けで黄金羊毛を手に入れるのだが、その前に、羊皮の番をしているドラゴンを手なづけなければならなかった。そのためにはメディアが呪文でドラゴンをおとなしくしたともいうが、また、イアソンがいったんドラゴンに呑み込まれて、そこから出てくるという「生まれ変わり」の試練を経たともいう。この話にはカドモスのドラゴンの話もかかわってくる。カドモスはテーベの町を建設したとき、泉を守っていたドラゴンを殺していた。そこへアテナ女神が姿をあら

ドラゴンの口から出るイアソン（古代ギリシャの陶器、ヴァチカン美術館蔵）

わし、ドラゴンの歯を抜き取って、その半分をそこに撒くように言った。そのドラゴンの歯からは武装した男たちが生まれてきて、たがいに殺し合った。ドラゴンの歯の残りは、のちにイアソンに与えられる。その歯を撒くと武装した男たちが生まれてきたが、前と同じように互いに殺しあった。

ヘスペリデスのリンゴの木を守っていたドラゴンはラドンという名前だった。ヘラクレスは、ラドンを魔法で眠らせてリンゴを取ったという。[79] このヘスペリデスの園のドラゴンは図像では多くの場合、エデンの園の蛇と同じような姿であらわされる。

アンドロメダを襲ったドラゴンについては、カール・シューカーは「蛇と鯨をあわせたような」姿をしていたというが、長い尻尾でとぐろを巻く竜蛇の姿であらわされた図像もある。この怪物を退治するのにペルセウスはゴルゴンの頭を見せてもよかったが、一説では、剣で対決し、いったんはドラゴンに呑み込まれたものの、剣で腹を切り裂いて出てきて、ドラゴンの首をはねたともいう。[80] アンドロメ

ヘスペリデスの園で黄金のリンゴを守るラドンとヘラクレス（古代ローマの浮彫、ミュンヘン、州立古代美術博物館蔵）

アンドロメダを救うためドラゴンと戦うペルセウス
（ヤン・サーンレダム画、1601 年、ロサンゼルス郡美術館蔵）

アンドロメダは、彼女のことを海の乙女ネレイデスたちより美しいと自慢した母親のとがで、海神ポセイドンへの生贄とされた。ポセイドンは眷属の竜を送って、海岸の岩にゆわえられたアンドロメダを食わせようとした。そこへメドゥサを退治したばかりのペルセウスがやってきて竜を退治し、アンドロメダを救った。裸のアンドロメダは性的生贄である。

ダを手に入れるためには怪物の首を持っていって証拠として見せなければならなかったのだろう。これは昔話でよく語られていることで、ドラゴンを退治したあと、疲れ切って寝ていると、それを見ていた偽物が怪物の首を取って王宮へ持ってゆくのである。本当の英雄のほうはドラゴンの舌を証拠の品として切り取っていた。

聖ゲオルギオスはリビアのシレナという町を荒らしていたドラゴンを退治した。もっとも簡単に刺し殺したのではなく、槍で手傷を負わせたあと、生贄にされていた王女に、帯を解いて、竜をしばって、王宮まで引いてゆくようにといったのだ。そして王や町の人々に異教の教えを捨ててキリストの教えに帰依するように説き、もしそうしないならドラゴンを解放して人々に立ち向かわせるとおどしたのである。[81]

火を吹く吐くドラゴンと戦うベーオウルフ（『ベーオウルフの物語』1908年）

　ベーオウルフの物語は三十節までは怪物グレンデルとその母親との戦いと勝利の物語にさかれている。後半四十三節までのところにドラゴンが登場する。ベーオウルフは五十年の統治のあいだに老いた。しかし家臣の下僕のひとりがたまたまドラゴンの洞穴に入り込み、宝物を盗み出した。ドラゴンはその報復に王宮をはじめとする家々を押しつぶし、火を吐きかける。ベーオウルフは復讐のために立ち上がる。十二人の家臣のうち十一人までは恐怖のあまり逃げだした。ただひとり残った騎士だけが、王を助けてドラゴンに立ち向かう。騎士の剣はドラゴンの腹をえぐった。しかし王も竜の牙で致命傷を負っていた。[82]

聖書のドラゴン

黙示録では七つ頭のドラゴンが空の星をたたき落として、赤い衣の女の足元に落ちてくる。その後、天で、天使ミカエルとドラゴンが戦い、ドラゴンは地に落とされた。

創世記では創造の五日目に水に棲む怪物レヴィアタンがつくられた。

赤い服を着た女とドラゴン（フランスの写本『ヨハネの黙示録』14 世紀）

詩編では、「あなたは御力をもって海を分け、大水の上で竜の頭を砕かれました。レヴィアタンの頭を打ち砕きそれを砂漠の民の食料とされたのもあなたです」とある。

なお蛇はエデンの園の蛇以来、随所にでる。ファラオの前でアロンが杖を投げると蛇になったとか、モーセがイスラエルの民を率いてゆくと荒野で炎の蛇に悩まされ、青銅の蛇をつくって祀ったなどとある。

中国の竜

中国の竜でも翼が生えたものと翼のないものがあることは、馬王堆帛画に描かれた二頭の竜が雌雄なのか、有翼と無翼で描かれているとおりである。『山海経』では、雷神すなわち竜神とされている。しかし竜身人頭という。

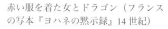

女登は神竜を感じて、炎帝を生んだ（池上正治）。

劉邦の母は大きな沢の堤で昼寝をして、夢の中で竜とあった。「このとき、雷が鳴り響き、電が光り、あたりは真っ暗になった。（父の）太公が行ってみると、蛟竜が彼女の上にいるではないか。（……）やがて（……）高祖が生まれた」(池上)。
　黄帝は鼎が完成したとき天から竜が迎えにきて昇天した。
　黄河に竜門があって、鯉がこれをのぼれば竜になるといわれた。[83]
　貴州の竜門には鍾乳洞があり、「竜宮」と称している。竜には喉の下に「逆鱗」があり、これに触れると竜にかみ殺される(池上)。
　エバーハルトは河伯としての竜王と、雲と暴風雨の象徴である竜を区別する。雨神としての竜が天にのぼるのは二月二日だという。[84]
　日本には「蛇の目玉」という昔話があるが、中国では「竜の目玉」になる。ある男が竜の子をみつけて拾って飼っていたが、しだいに大きくなりすぎて、飼えなくなった。そこで、山の洞穴に連れていってそこへすまわせた。するとその洞穴の前に大きな人参が生えてきた。皇帝がそれを聞いて男に人参をとってこさせた。そのうち、皇帝の后が目の病気になり、竜の目玉が効くというので、男にまた目玉

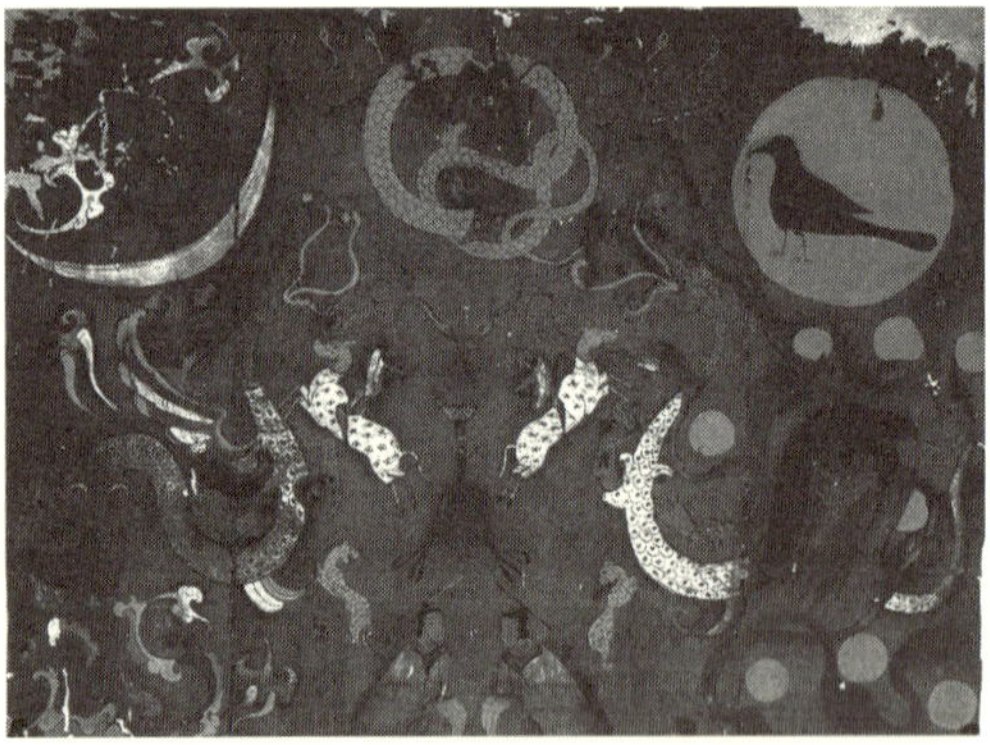

馬王堆漢墓の帛画(前2世紀)には、日月の下に二頭の竜がいるが、片方には翼があり、もう一方には翼がない。また日月のあいだにも赤竜がいる。中段にも二頭の竜がいる。丘桓興によると「これは葬礼の際に人が棺の前に掲げて歩いた「銘旗」(死者の官位や姓名を記した葬礼用の旗)で、埋葬する時には棺を覆い、それによって魂を昇天させる招魂旗であったに違いない」。

をとってこさせた。皇帝の后の目は快癒した。と同時に男の心も変わった。すっかり傲慢になって、竜のもう一つの目玉も欲しくなった。竜の洞穴へいってもう一つの目玉をと言うと、竜は男を呑み込んでしまった。

『柳毅伝』の主人公は旅の途中、雨工という羊のような動物を連れた女に会い、洞庭湖の竜宮にいる両親に届けてほしいと手紙を託された。女は竜王の娘だったが、人間の嫁になり、虐待されて、家を出たという。手紙を読んだ竜王は激怒して、女の夫を殺し、柳毅を女にめあわせた。

日本の竜

九頭竜川や天竜川に見られるように、急峻な山岳地帯から流れ落ちる谷川は竜の名前をつけられることが少なくない。池に棲んでいる蛇が五百年経つと竜になるというよう

波濤雲龍図（船津文淵画、江戸末期）

に、日本の竜はどうしても水生で、蛇体である。しかし四つ足はあり、顔容は、馬面で、髭が生え、角を生やしている。この竜が往々にして人間の女に通ずることは、「子持ち山姥」などにみるとおりである。山姥が足柄山の頂上で昼寝をしていると黒雲に乗ってとおりかかった竜がむらむらと欲情をおこして山姥に通じ、そこから生まれたのが金太郎であるという。似た話が中国でも語られており、竜が犯した女は全身ねばねばした液体に包まれ、本人は呆然として何が起こったかも知らなかったという。南方熊楠は竜とは竜巻であると言っているが、竜巻というから竜を想像するのかもしれない。竜巻の形態のなかには動物の竜が暴れているさまは見られない。

『今昔物語集』より

満濃池の竜は子蛇になって日向ぼっこをしているところを鳶にさらわれて、山の洞穴に閉じ込められた。ところがそこへ、比叡山の僧が天狗にさらわれてやってきた。天狗は鳶の化身だった。僧は厠にいったあと手を洗おうとして

肥後の皇円は竜となって入定し、遠州の桜が池に住んだ。源空上人が経を読むと人身に戻った（『東海道名所図会』江戸時代、国立国会図書館蔵）

水瓶をもったまま洞穴にやってきた。それを見た竜はその水を注いでくれれば、力を取り戻して、一緒に逃げ出せるという。そこで、水瓶を傾けるとわずかながら水がしたたって、竜の口に入った。とたんに竜は力を取り戻して洞穴の入口をけやぶって、僧を背負って空を飛んで比叡山に向かった。そのとき激しい雷鳴がとどろき、豪雨がふりそそいだが、僧が比叡山に戻るとそのように空は晴れわたった。その後、竜は天狗に復讐をした。[85]

竜は神泉苑での空海の雨乞いのときは、善女竜王としてあらわれた。その後は「道成寺縁起」、「華厳縁起」、俵藤

善女竜王像（長谷川等伯画、安土桃山時代、七尾美術館蔵）

空海、神泉苑で竜王を呼び出して雨乞いをする（『弘法大師行状絵詞』南北朝時代、東寺蔵）

太物語などに登場する。そして多くの画工が天井画や障壁画に竜を描いた[86]。

魚の王と七つ頭の竜

「魚の王」というヨーロッパの昔話だと、漁師が巨大な魚をとらえると、それが魚の王で、放してくれれば大量の魚がとれるようにしてやろうという[87]。しかし、漁師の妻がぜひ、その魚の王の肉を食べてみたいというので、殺して料理する。そのとき、骨や内臓を大事に埋めるようにといわれる。そのとおりにすると、そこから名犬や名馬が生まれ、魚の肉を食べた漁師の妻からは英雄が生まれる。この英雄が同時に生まれた馬に乗り、これも同時に生まれた犬をしたがえて冒険の旅に出るのである。そしてヨーロッパの中世の物語で少年の冒険といえば、竜退治である。とある町につくと町中のひとびとが嘆き悲しんでいる。わけを聞くと、その日は、王女が竜の人身御供になる日だという。魚の王から生まれた少年はさっそくそこへ行ってみる。すると泣きぬれた王女の前に今しも恐ろしい竜が襲いかかろ

長者の娘善妙は、義湘を追って竜となり、船を守っていった（『華厳宗祖師絵伝』鎌倉時代、高山寺蔵）

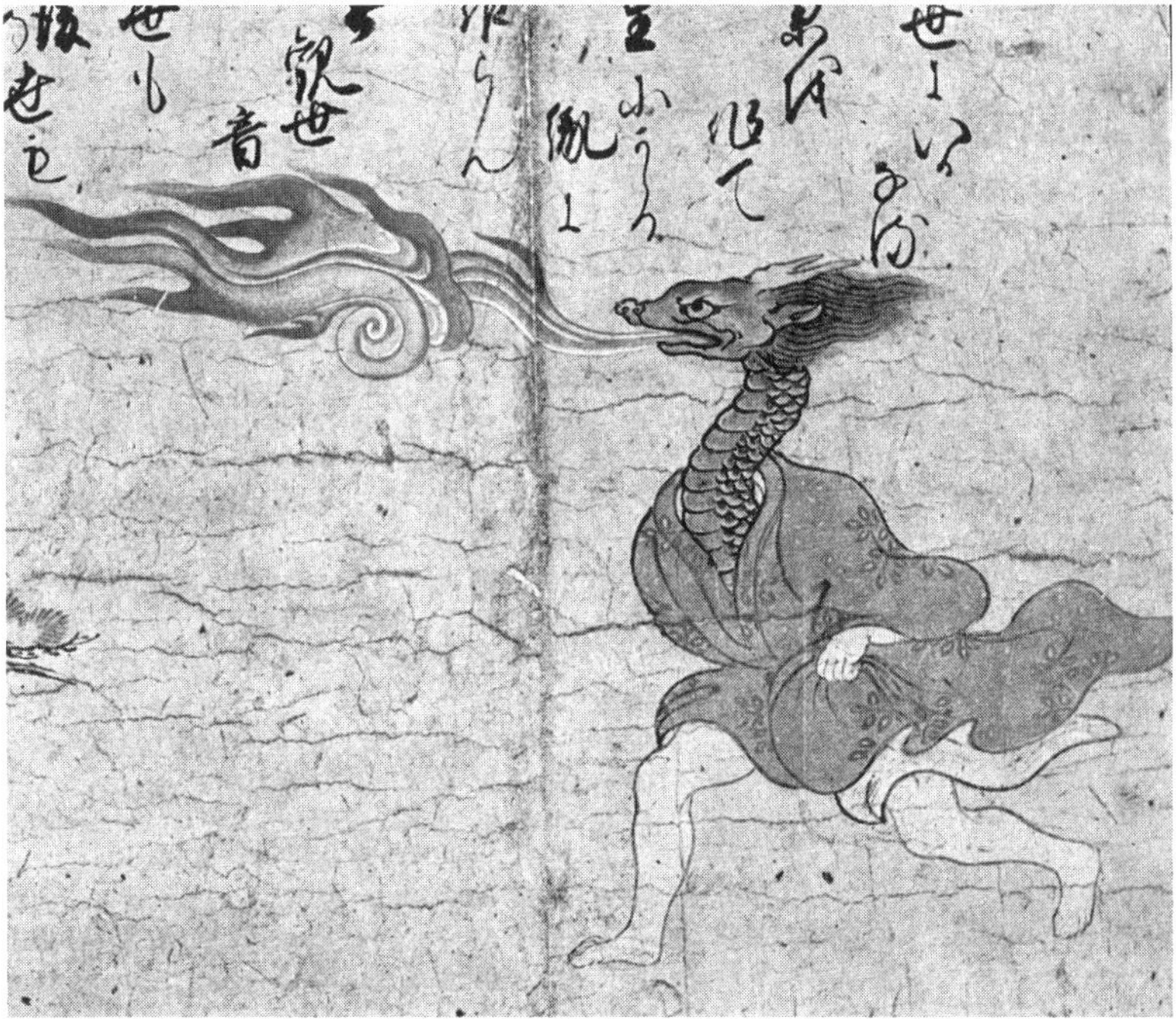

男を追いかけて竜になる女
(『道成寺縁起』室町時代、道成寺蔵)

高野山のふもとに住むやもめの女は山へ上る若い僧を見て恋心を抱いたが、僧は女の誘惑をしりぞけ、高野山から戻るときは、道をたがえて、このやもめに会わないようにした。しかし女はそれを知って、怒りと情欲の権化となり、口から炎を吹いて、なかば竜と化して僧を追う。この絵巻では、はじめ女の姿で僧を追っていた女が次第に竜蛇に変身するさまが描かれる。このあと日高川を竜となって渡り、道成寺に攻め込む。僧は釣り鐘の下に隠れるが、竜はその鐘を取り巻いて、なかの僧を焼き殺す。

俵藤太のもとへあらわれた竜
（『俵藤太秀郷絵巻』室町時代、国立国会図書館蔵）

藤太は瀬田の唐橋を渡るとき、とぐろを巻いていた大蛇をものともせずにまたいでいった。その勇敢さを見た竜宮の竜王が、姿をあらわして、竜族を襲う三上山の百足を退治してくれるように頼んだ。諸本には大蛇が竜宮の乙姫だったというものもある。藤太はこころよく承知して、襲いかかる大百足に弓を引きしぼって立ち向かった。はじめは百足の硬い鎧に矢という矢がはじきかえされたが、矢に唾をぬり怪物の目を狙うと無事、怪物退治をすることができた。その後、藤太は竜宮へ招かれ、祝宴に連なったあと、尽きることのない米俵などの土産をもらって帰ってきた。高麗の始祖・作帝建の話では、竜宮へ招かれた英雄は、竜宮を襲う怪物を退治して、お礼に乙姫をもらってくる。神話としてはこのほうが本来のものだろう。ただし作帝建の后は竜になって、宮殿の井戸から竜宮へ通っていた。それを見られて二度と帰ってこなかった。朝鮮のメリュジーヌ譚である。

うとしている。この竜は七つ頭の竜である。海竜王の息子が、陸生の竜の王に戦いを挑むのである。ただしたいていの話では犬が英雄のかわりに飛び出していって竜を打ち倒す。あるいは馬が竜と戦うこともある。英雄は王女の膝のうえで眠っている。

この七つ頭の竜と日本の八俣の大蛇は関係があるかどうかも議論があるところだが、七と八はいずれの地域でもそのころの聖数であり、とくに日本では八尋ワニだの、八十神だの、八束髯だのと、数が多いことをいうのに八の数を用いていた。これと同じなのがアメリカ先住民の世界だというが、それ以外のところでは七がそのかわりになっている。八俣の大蛇の話については、アンドロメダ神話がそれに相当するとされているが、アンドロメダを襲った竜はひとつ頭で、かつ海神の眷属である。一方、七つ頭のほうは陸生であり、毎年ひとり生贄を取りにくるという定期性からもアンドロメダ神話より八俣の大蛇神話に近い。アンドロメダは海神が怒りを発して竜を送ったので、そのときだけのことである。アンドロメダはカシオペアの娘だが、カ

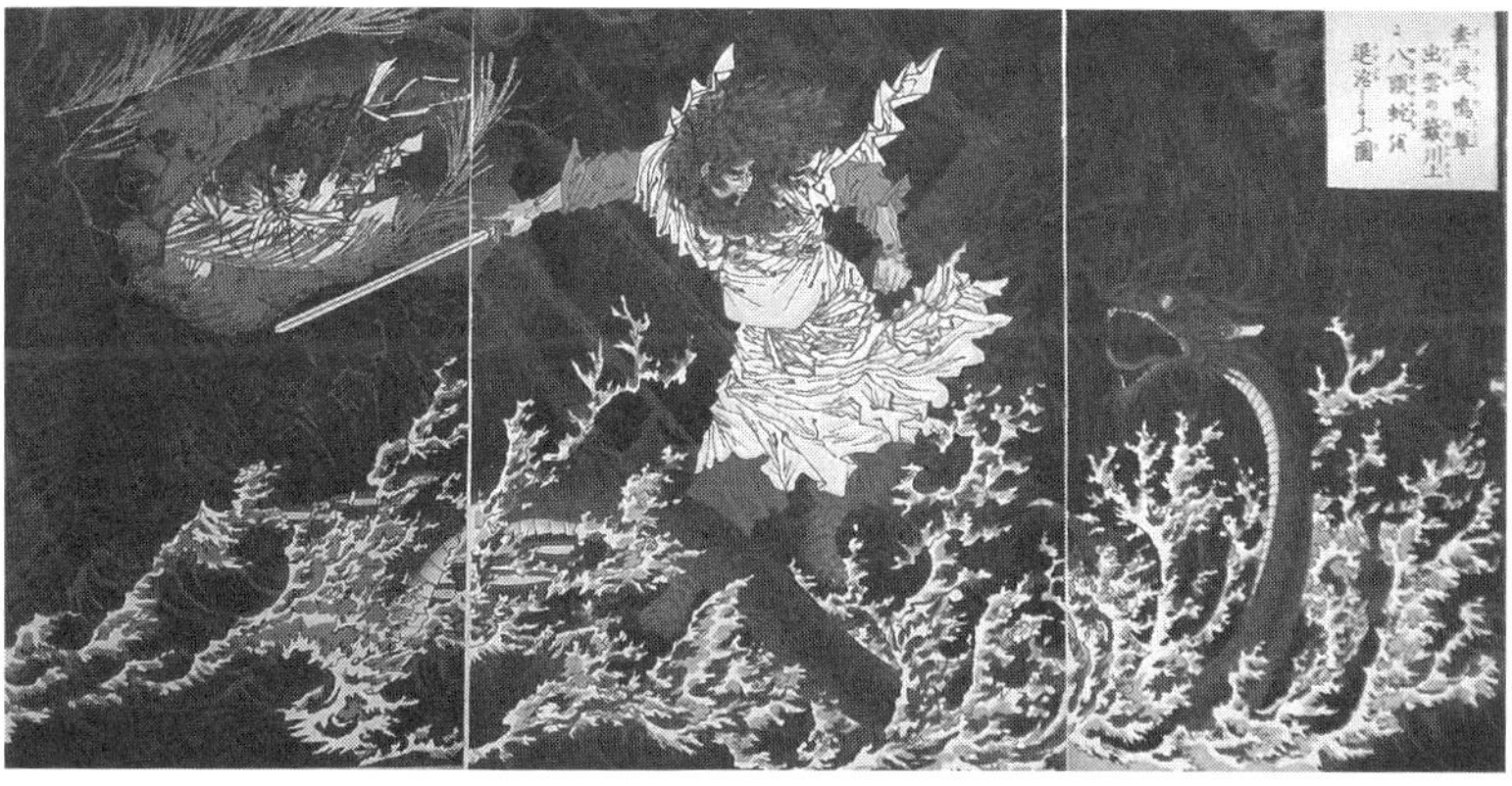

ヤマタノオロチを斬るスサノオ（月岡芳年『日本略史之内　素戔嗚尊』1887 年）

シオペアが自分の娘は海神の娘たちより美しいといったので、海神ポセイドンが怒ったのである。ここでいう海神の娘は人の形で、イルカではない。

アンドロメダはこのあとペルセウスに救われる。ちなみにアンドロメダはこのとき裸で海岸の岩に結わえつけられていた。海竜への生贄にするのに全裸にするというのは、性的生贄だったことを意味している。ほかはアルテミスへの犠牲にされたイピゲネイアでも、七つ頭の竜の生贄にされた王女たちでもみな着衣のままで、とくに裸体をさらすことはない。性的生贄というのは要するに海神の息子の嫁になったということで、ヨーロッパの昔話では、川の主のドラックにさらわれた女は、水底の宮殿で、美しい青年であるドラックに大事にされてなに不自由ない暮らしをするのである。アンドロメダもペルセウスが余計なちょっかいを出してドラゴンを退治しなければ、海神宮で、贅沢三昧の暮らしをしていたかもしれない。

ちなみに海神ポセイドンの宮殿には、妃のアムピトリテや、その五十人の姉妹たち、すなわちテティスを含むネレイデスたちがいたし、ポセイドンの息子ネレウスやトリトンもいて、にぎやかだった。海神としてはほかに何にでも姿を変えるプロテウス、原初の海神ポントス、世界の果ての海の神オケアノスもいた。ポセイドンは海底の牧場に牛や馬の群れを飼っていた。が、ふだんはイルカたちに引かせた車に乗っていた。ポセイドンはローマではネプトゥヌスといった。ケルトの海の神はマナナンである。

八、ウナギ

ウナギは洪水だけではなく、地震の原因にもなる。ミンダナオでは大地の底に蟹とウナギがいて、蟹がときどきウナギを噛む。そのせいで大地が揺れるという（後藤）。大蛇伝説でも蟹が蛇の天敵として語られる。フィリピンでは大蟹が海に入ると洪水が起こる。スマトラでは蛇が地軸を支えている。ジャワでも巨大な蛇が大地を取り巻いている。マルケサスでは島が巨大なサメの上に載っている。蛇やウナギは火山の噴火にもかかわっている。これらの蛇やウナギは大地の底にいるが、島嶼部では当然、海の底にいる。陸が海のなかにつくられたときから蛇は海の底にいるのである。が、また天空にもいて、月を呑み込んでいる。（後藤）。

　ウナギはココヤシの起源として語られるが、ウエマーレ族ではハイヌウエレ神話のヴァリエーションとして、ウナギを殺して埋めたところからヤムイモやタロイモが生える話がある。ウナギが洪水や地震を起こすと同時にココヤシやヤムイモなどの起源になるのである。[88] フィジーの創造神はデゲイという蛇神だが、オセアニア全域では蛇がウナギにすりかわる傾向がある。ポリネシアでは蛇がいないからである。

　日本ではウナギは強精材として食されるが[89]、他では「ハモは百病によし、アジ・カマスは五臓を補い、イワシは中風に効き、コイは腎精、乳の出をよくし、コイの肝は熊胆の代用として消化促進、タイはインポテンツを治し、トビウオは不老長寿などと」信じられていたという（矢野憲一「魚のそだてた日本文化」『魚の日本史』）。

オランダでは、ウナギをつかむのは困難な仕事のたとえ（ピーテル・ブリューゲル画《ネーデルラントの諺》部分、1559年、ベルリン絵画館蔵）

ウナギのミイラを収めた箱（大英博物館蔵）

「タイがインポテンツ」の薬になるとは知らなかったが、どれくらい食べれば効果があるものだろうか。おおいに興味があるところである。

なお、海中に酒をそそぐとタイが酔ってふらふらとあがってきたというのは、神功皇后の神話である。

インドネシアに山幸の話と類似した神話がある。天上に兄弟がいた。ある日、弟が釣りをして、兄から借りた釣り針をなくした。兄が必ず返せという。弟が捜していると、喉に釣り針のささった魚がいた。弟は兄に釣り針を返すとき、兄に油をこぼさせて、その油を返せと迫った（『上代説話事典』）。

エジプトのウナギはアトゥム神の化身である。エジプトではまた、ナマズも神格化されていた。

九、サケ

サケの大介《おおすけ》

東北日本のサケ文化をあらわした説話とされる。一説では東北の縄文文化はサケによってもたらされたという。発端は鷲の牛さらいである。鷲が牛をさらってゆくのを憤った男が、牛の皮のなかに入り込んで待つと鷲がやってきて、離れ小島の巣までさらってゆく。巣には鷲のヒナがいる。それを殺して牛の仇を討つが、まわりは海で帰れない。そこへサケがやってくる。サケは村人がサケを捕らないようにしてくれるなら村へ連れ戻してやろうという。そうすると約束してサケの背に乗って村へ帰る。その後、サケの遡上の季節になると、「サケの大介いまとおる」と大声がするので、村人たちは戸をたてて家にこもって息をひそめる。それが毎年の行事になる。日は十一月二十日の恵比寿講の日で、その日まではサケを捕ってはいけないという。サケの大介については安静年間の『蝦夷物産誌』に「漁の終わるころ、一丈ばかりのサケがのぼるといわれ、これをおうすけといった」とある（『北の魚博物誌』）。

恵比寿は一般にタイを釣り上げた姿であらわされるが、東北ではサケになるのだろうか。東北地方でサケが重要な食品であったことは確かで、正月の雑煮にも東北ではサケを入れる。恵比寿はヒルコが流れついて神になったという伝承もある。いずれにしても遠い異国から漂着、あるいは回遊してくる魚を恵比寿として祀ったものである。恵比寿がタイにまたがった造形もある。

全国の名産品を紹介する「山海目出度図絵」に描かれた「蝦夷鮭」（歌川国芳画、1852 年、大英博物館蔵）

サケの神話ではケルトに「智慧のサケ」がある。フィアナ騎士団の首領フィンは、青年期に詩を学ぶためにバルドのフィンネガスのもとに赴き、フィンネガスがとらえた智慧のサケを料理する。その間、熱い魚でやけどをした指を口にもっていったためにサケの知恵を獲得することになる。また、アルスター神話群では、マンスターの王クー・ロイの魂はサケに宿っている。巨人が出てくる昔話では体の外にある魂がサケなどの大きな魚のなかにかくされている。これは地上の兎などのこともあるし、空を飛ぶ鳥のこともあるが、魚の場合もあるのである。

アメリカ先住民の世界にもサケの神話は多い。「もしも人々が必要とした以上に（サケを）つかまえ、あとでその魚を捨てたり、（……）いじめたりしたら、霊界からの報復があるものと思わなければならない」。

あるとき、その年はとりわけサケの遡上が多かったが、オオカミ族の若者たちは捕えたサケの背中に燃える松脂を詰めて川へ放しておもしろがった。するとその年のサケの季節の終わりに山々が割れて火を吹いた。（『アメリカ・イ

サケを釣り上げたアメリカ先住民クイノールトの男性（1936年の写真、アメリカ国立アーカイヴ）

ンディアン神話』）

十、カエル

カエルはもちろん魚類ではない。しかし、その幼生の状態であるオタマジャクシでは魚と区別がつかない。人間の想像力の世界ではカエルは水生のもの、つまり魚の親類とされてきた。フランス料理ではカエルは魚の部類に属し白ワインで食べる。

カエルの神話としてはアリストパネスの『蛙』がある。カエルはアテネ近郊の沼地リムナイオンで祀られていた。その辺のことについてはピエール・レヴェックという神話学者に『古代の蛙』という研究がある。この辺りは拙書『世界動物神話』で詳しく述べた。中国では月の女神はカエルであらわされる。あるいはインドに「カエルの奥方」という神話がある。水のなかからあらわれた奥方に水を見せてはならなかった。そのタブーを犯すと、奥方はとたんにカエルになって水のなかへとびこんでしまった。中国の昔話でも、海からやってきた青年がある月夜の晩、海を見ていてカエルになって海へとびこんでいった。グリムには「カエルの王様」がある。王女がまりで遊んでいると、まりが池に落ち、カエルにとられる。カエルは王女と結婚すればまりを返してやると言う。王女がカエルを壁に投げつけると魔法がとけて、立派な王子があらわれる。

マリヤ・ギンブタスによれば、古代ヨーロッパの大女神はカエルとして表現されていた。カエル女神の像が各地から出土するのである。近代ヨーロッパでも王女がカエルに変身していたのを、青年が「おそろしい接吻」によって魔法をといて、王女に戻してやったという昔話がある（「二文のヤニック」）。日本の昔話では、身に着けると老女の姿になる姥皮《うばかわ》が蛙皮であることがある。幻想文学では、世紀末のジャン・ロランに『マンドラゴーラ』という作品があり、森の老婆がもってきたマンドラゴーラの根を瓶に入れておくとカエルになり、やがて、だんだん人間の姿になって、淫蕩な娘になったが、最後はまたカエルに戻ってしまったという。あるいは『東欧怪談集』に入っている「蛙」（チャート・ゲーザ）では、毛の生えたカエルがやってくるとまもなくその家の誰かが死ぬという伝承があり、ある夜、不気味な音がするので、いってみると台所に巨大な毛の生えたカエルがいて、それと格闘して殺したのはいいが、その家の主婦がまもなく死んだという。

　それに対して日本ではカエルはどちらかというと親しみをもってみられている。猿田彦を祀っている伊勢の二見興玉神社ではカエルが使い神になっていて、海岸に面した参道の至るところにカエルの置物がおいてある。「鳥獣戯画」のカエル、小野道風のカエル、一茶のカエル（痩せ蛙まけるな一茶ここにあり）、「古池や蛙とびこむ水の音」など、カエルはいずれも好意的にみられている。しかし繁殖期にやかましく鳴きかわす声には閉口する人が多く、昔話の「蛙女房」では、どこからかやってきた女を女房にして

二見興玉神社に奉納されたカエルの石像

縄文の土器に描かれたカエル（井戸尻考古館蔵）

いたが、里で法要があるから行かせてくれと言うので、承知して、あとをつけると、カエルがにぎやかに鳴いている池まで行って、女がドボンと池に飛び込んでカエルになった。そこで、石を投げこんで帰って待っていると、女房が戻ってきたので、どうだったときくと、上から大きな石が落ちてきて和尚さんの頭にあたって大騒ぎをしたという。なんだお前さんはカエルか、ということで、縁を切って追い出したという。

インドのマトゥラの女神像に女陰をかたどったカエルの像があり、後ろから見るとカエルだが、前から見ると裸の女神で、カエルの形がひらかれた女陰である。ヨーロッパの教会などに見られる「淫乱」の像ではカエルが性器にへばりついているものがある。カエルの像では日本では縄文土器にカエルがよく表現されている。長野県富士見町の井戸尻考古館に収蔵されている壺に「蛙紋土器」がある。カエルが図案化されて描かれているが、これもカエルのようでもあり、女陰のようでもある。日本にも蛙女神の信仰があったのである。月―水―豊穰―カエルとつながる神話的イメージである。

筑前の海岸で鮎を釣る神功皇后
（月岡芳年画、大英博物館蔵）

神功皇后の朝鮮出兵にあたり、大小の魚が舟を背負い、船団を進めた。また豊浦へ向かったとき、船のまわりに鯛が群がってきたので、酒をそそいだところ、みな酔っぱらって浮き上がった。これを吉兆として遠征に向かった。遠征を終えて帰国したのち、筑紫の松浦で、衣の糸を抜いて飯粒を餌にして鮎を釣った。この3つの伝承、それに磯良があらわれたことも含めて、皇后が海洋を支配する性格を持っていたことを示している。なお、「浮き鯛」は今日でも見られる現象で、渦潮に巻き込まれた鯛が浮袋の調節がうまくいかなくなって水面に浮かび上がるのである。

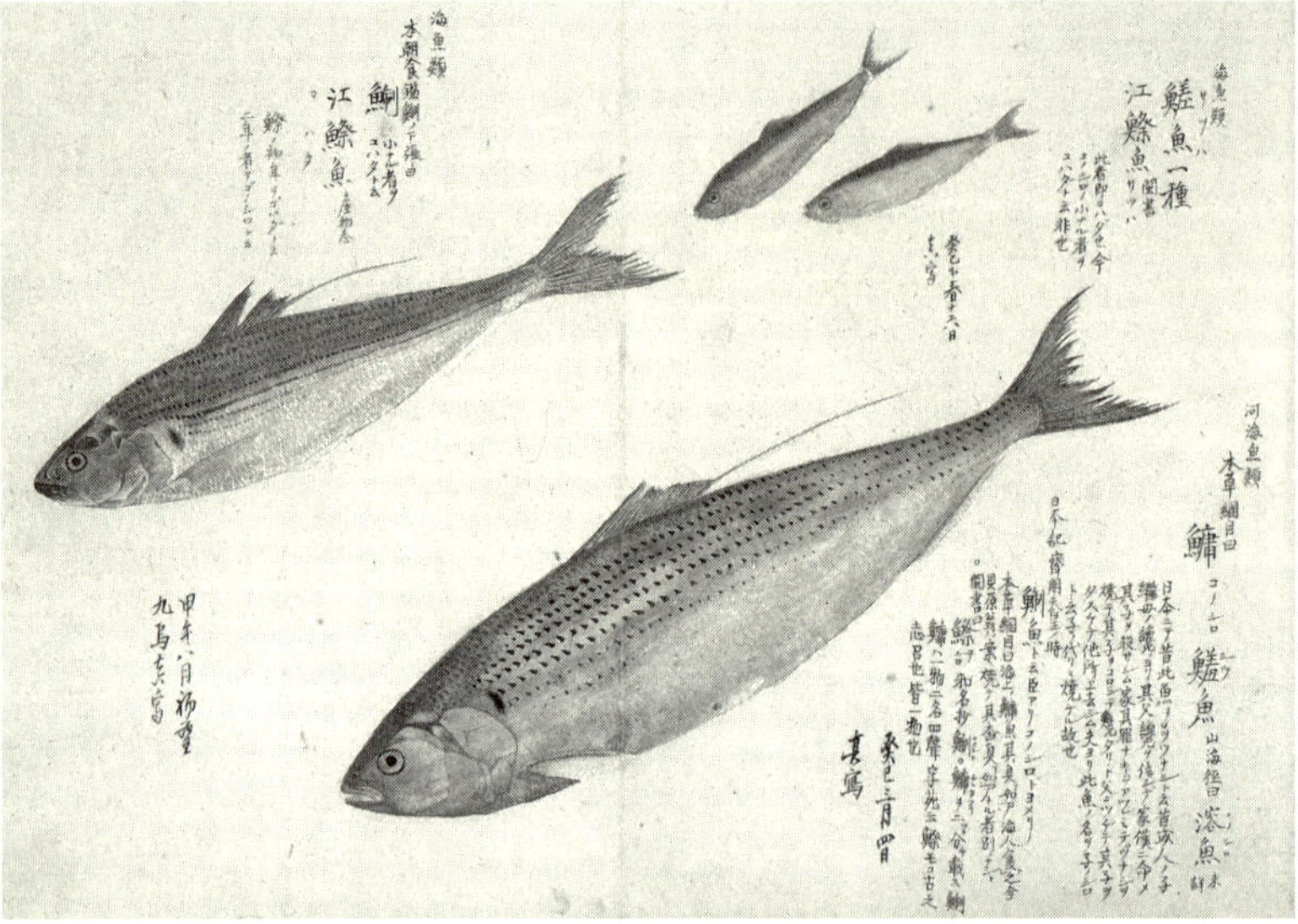

コノシロ（図左と下）
（毛利梅園『梅園魚品図正』1835 年、国立国会図書館蔵）

下野の長者の美しい娘が国司の嫁に指名されたが、娘には恋人がいて、しかも懐妊していた。両親は苦肉の策として、棺桶にコノシロを詰めて、娘が死んだと偽って火葬にした。以来、「子の代」と呼ばれるようになった。また、太田道灌が江の島に参詣したとき、舟にコノシロが飛び込んだのを九の城を建てるという吉兆として喜んだという（『北の魚博物誌』より）。

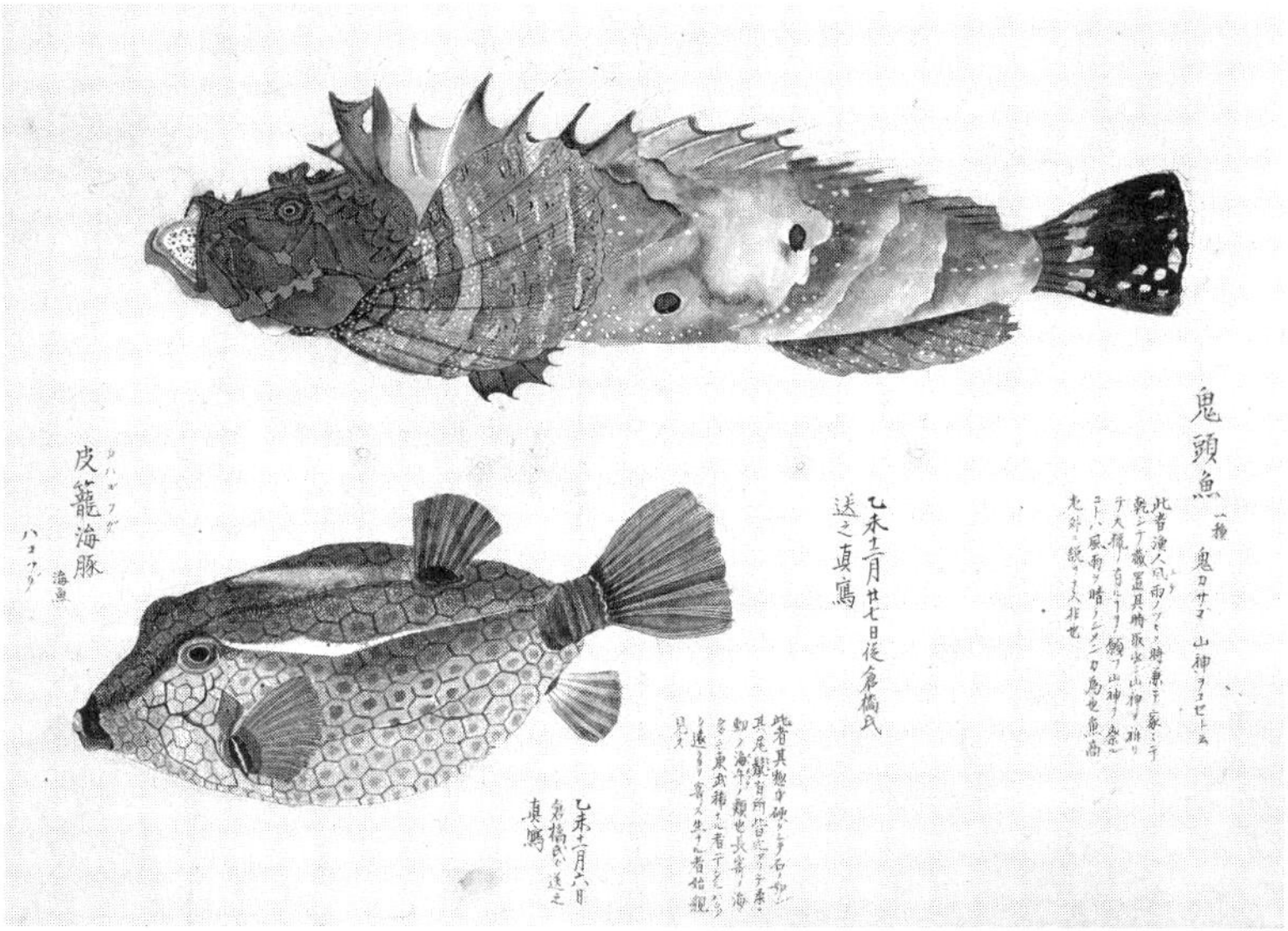

オニオコゼ（図上）
（毛利梅園『梅園魚品図正』1835年、国立国会図書館蔵）

柳田國男に「山の神とオコゼ」がある。山の神（女神）は自分より醜い魚を見て喜ぶという。猟師など山人がオコゼを捧げるほか、漁民もオコゼをもって山に上る。山が鎮まっていれば、川も静かで、河口の水も澄んで、魚がよくとれる。また、沖に出るときは、山あてといって、山を目印にして航行する。

勇魚取り

（葛飾北斎『千絵の海　五島鯨突』ボストン美術館蔵）

山見が沖に鯨を見るとのろしを上げ、それを合図に勢子舟があるだけ出て鯨を囲い込む。勢子舟の指揮をとる一番舟の刃刺（羽差）が銛を投げ、続いてそれぞれの舟から銛を投げ、鯨が弱ったところを見計らって、噴水口の近くの肉を切って縄をつける（鼻切）。これで、鯨を浜に曳航し、引き上げて解体する。

II 魚の民俗

一、食文化

正月や婚礼には鯛、七月の丑の日にはウナギ、三月の節句には蛤を川へ流した。五月の節句には鯉のぼり、そして山の神にはオコゼ、昔は伊勢の御師が鮑の干ものをお得意に配った。吉野その他の地方で、柿の葉寿司が祭りの料理として食される。これはサバである。鱒の押し寿司を祭りに食べるところもある。とくに富山が有名で、円盤状につくり笹でくるむ。鮎の姿寿司をつくるところもある。近江のフナ寿司は長期間の熟成を特徴とする。そしてもちろん江戸前の握り寿司がある。これは最近、欧米で人気をよんでいるが、本当の寿司職人が握ったものは少ない。ほかに大阪寿司、ちらし寿司もある。比較的ハレの食品だが、特定の祭りと結びついているわけではない。雛祭りにはちらし寿司を食べる習慣が若干みられるくらいである。この節句が七段くらいの「雛飾り」を前に白酒を飲む祭りとなってきたが、昔は浜遊びと称して、重箱をもって海岸へでて海の幸を祝った。雛人形は紙でつくった形代を海へ流したのが元の形のようである。川や海へ流すというのは厄をのせて流したので、厄除けだった。江戸でそれが蛤になったのはなぜだろうか。蛤の女神ウムガイヒメがいるが、開いた蛤の形が女陰を思わせることからの類推だろうか。蛤は女子の成長を祈って祀るという。泉鏡花の『日本橋』で、貝を川へ流したあと、女が、「これでできなきゃ日本は闇だ」と言うところがある。「雛の節句のあくる晩、春で、朧で、御縁日。同じ栄螺と蛤を放して」から続いている。男と女が栄螺と蛤を川へ放すところを巡査に呼びとめられて、名前をきかれたのである。そのとき、男が名乗って、それに続けて、女が「同じく妻」ととっさの機転で言ったのだが、それ以来本当に二人の縁は切っても切れないものになる。

いまは蛤は吸い物にすることが多いようだ。

めでたい時の祝い膳には鯛の塩焼きが出ることが多い。これは「めでたい」と「たい」の語呂合わせだろう。伊勢神宮の神饌に干し鯛がある。ほかに干し鰒、その他の魚が供えらるが、鯛はやはり特別だろう。鯛はなお、刺身、塩焼でも供せられた。民間の祝い事では伊勢エビも出るが、これは比較的新しいことだろう。高価で、祝儀の場でもなかなか庶民の口には入らなかった。東京では注連飾りに伊勢エビが飾られることがあるが、プラスチックの模造品である。近年は既成のおせち料理に伊勢エビが入ることが多いが、値段もそれだけ高くなる。縁起物といえば丑の日のうなぎもこの日の前になると普段の倍の値段になる。なお日本ではうなぎというとかば焼きが主で、煮物などに入れることはないが、ヨーロッパではウナギを蒸したり、煮たりして食べる。

鯛といって鯛ならずというものに鯛焼きと称するものがある。餡を小麦粉の練り粉でくるんで型にいれて焼いたものだが、最近は「おかず鯛焼き」と称して、肉や野菜をいれたものも出ている。

寿司はなれずしとして普及していたが、江戸前の生き寿司が盛んになったのは江戸もかなり下ってからだった。が最初は夜泣きそばと同じように屋台で軽食としてつまむも

昭和初期、銀座の寿司屋台（笠松紫浪画、1934年、ボストン美術館）

江戸後期、エビの握り寿司（歌川国芳画、1844年、ボストン美術館）

のだった。これは江戸だけ、それも築地に近いあたりのものので、地方では見かけなかった。最近欧米で流行しているSushiは、正式の食事ではなく、軽食ないしオードブルとみなされている。男が女をかるく口説くときにスシをおごってやる。

二、節供の民俗

五月の鯉のぼりは日本だけの風習だが、由来は中国で、黄河の竜門を鯉がのぼると竜になるという伝承からでた。上から真鯉、緋鯉、子鯉を揚げる。が、江戸時代は真鯉だけだった。三匹あげるようになったのは明治時代からであり、さらに子鯉を子供の数だけ上げるようになったのは昭和になってからと思われる。これは子供が七歳くらいまで揚げ、それ以上は揚げないという家庭が多いようだ。鯉のぼりは揚げるが、端午の節句に鯉を食べるとい習慣はないのは奇妙にも思える。中華料理には鯉がでるが、日本の魚屋ではあまり鯉を見かけない。鯉は食材より、観賞魚になったからとも思われる。たいていの寺院の池などに鯉が泳いでいる。あるいは萩とか津和野といった古い城下町の用水路などに泳いでいるのも見かける。

丑の日のウナギは平賀源内が広めた習慣ともいわれる。これも丑の節供とでもいえよう。しかしウナギの旬はむしろ冬で、十二月ごろがもっとも脂がのって美味であるという。ウナギの効果としての夏バテ防止については、ウナギ以外にも多くの食品が栄養豊富とうたって出回っており、

水道橋、駿河台の鯉のぼり（歌川広重画「名所江戸百景」より、ブルックリン美術館蔵）

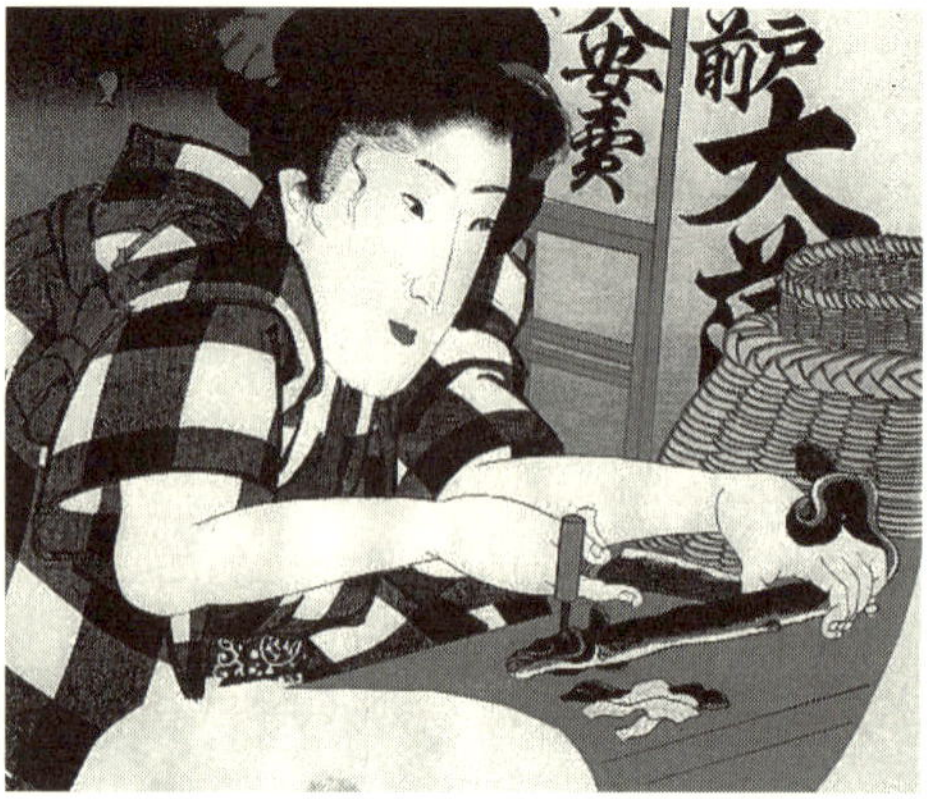

江戸前の蒲焼用にウナギをさばく（歌川国芳画）

とくにウナギである必要はないともいわれるが、老人のボケ防止には効果があるとされている。調理法はかば焼きに限ることなく、ヨーロッパのレシピなども参考にされるべきであろう。

春先、漁師たちが山へ登って山の神にオコゼを供える習慣もいつからのものかわからないが、魚がオコゼである理由としては山の神が女神で、自分より醜い魚が供せられると喜ぶからだといわれる。漁師が山の神にささげものをするのは、山が荒れずに緑豊かであれば、そこから流れる河川が澄んでいて、河口に魚が集まるからである。水清ければ魚棲まずというが、海ではその逆で、水が澄むと魚がくると思われていた。

京都の民家の柊鯛

節分にイワシの頭を柊とともに門口に打ちつけておく習慣は平安時代に遡るという。その理由としてイワシの頭の臭気が鬼を遠ざけるというが、はっきりしたことはわからない。イワシの頭も信心からということわざが揶揄しているように、宗教的起源などはもはや不明となっているのである。なおこれは節分のときだけで、ほかの季節には見られない。正月の注連飾りに伊勢エビの頭を使うのは福がくるようにという祈願であって、柊鯛とは反対の風習である。ハリセンボンやふぐ提灯を吊すのも魔除けである。

正月の鯛は庶民には高値の花だった。昔は魚であればなんであれご馳走だったのである。正月には「赤いまんまに魚《とと》かけて」と童謡にも歌われていた。ふだんは麦飯か粟の飯に沢庵くらいだった。そこでたまに鴨がとれたりすると大喜びで、「愛戻りは鴨の味」などととくに美味なものとしてことわざにもあげられたが、池に浮かぶ鴨を石などを投げてとらえるのは、水面に浮かぶ鴨を網でたぐりよせるのであって、漁師にとっては魚をとるのと同じものだった。

　漁師たちのあいだでは魚籃観音の信仰があった。もちろんそのほかに、船の安全を願う信仰もあり、一般的な信仰としては恵比寿が信仰されていた。恵比寿の祭りは旧暦十月二十日に催されたが、酉の日と同じように熊手が売られたりした。市ではほかに野菜や魚介類が売られた。

三、漁と釣り

　漁師たちは個人で船をもっていてもいなくとも網元に属して、共同で囲い込み漁をしたりした。カツオがくるときは一船に四～五人が乗って一本釣りで漁を競った。志摩町の八雲神社では旧の六月一日にカツオ釣り祭りをおこなう。町人も釣り船をしたてて釣りに出たが、これは余裕のある町人に限られ、また大都会に限られていた。しかし各地で磯釣りをするもの、渓流釣りをするものは、いまと同じく、数は少なかったが見られた。彼ら釣り師たちにはとくに固有の信仰はなかった。

　しかし潜水漁法をおこなう海女たちのあいだでは、サメ除けのまじないとして、セーマン・ドーマンと称するしるしを鉢巻きに書く風習があり、また伊雑宮のおふだを肌につけたりする。このお守りは「磯部さん」と呼ばれている。海女たちはこのお宮に信仰が深く、六月二十五日、十月二十五日の祭りには欠かさず参加する。このお宮の使いは「七本鮫」というサメで、サメが船の近くへ寄ってきたら、「磯部さん」と呼びかけると害をしないという。また、このお宮の使いのサメが漂流船を岸まで運んでくれたという伝承もある。サメに助けられたのではなく、サメに運ばれた話としては、宇治拾遺にある魚養の話がある。遣唐使が中国でと

セーマン・ドーマン

ある女と交わって子が生まれた。そして帰国のおり、必ず迎えにくると約束して船に乗ったが、その後何年経っても迎えがない。女は子供の首に札をつけ、父親の名を書いて、その子を海に投げ入れた。ある日、すると大魚がその子を乗せて日本まで泳いできた。その子の父が難波の浦を馬で走っていると沖合に白いものが見えた。近づくのを見ると魚に乗った少年だった。これがのちに医師として、また書家として大成した魚養である。矢野憲一はこの魚をサメと断定している。

海女は迷信深く、磯部さんやセーマン・ドーマンのほかに、潜る前に船端をノミでたたいて、つぃつぃと鼠鳴きをする。そうするとサメが近づかないという。サメは海女にも漁師にもおそれられ、憎まれたが、食膳にものぼった。広島や出雲のほうではサメの刺身を「ワニ」と呼んで正月料理に加えている。またサメの干物は伊勢をはじめ、香取、津島などでも神饌にあがっていた。伊勢志摩では民間でも「サメのタレ」として保存食とされていた。天草では「フカ狩り祭り」をおこなっている。

千葉県香取市、山倉大神のサケ祭り

ウナギ観音とも呼ばれる浜名湖の魚籃観音

四、魚の文化史

魚の文化史ではサバが重要である。越前鯖などを塩漬けにして山を越えて信濃あたりに売りにきたもので、鯖街道が残っている。この塩サバが山間では唯一の海産魚だった。また鯖の棒寿司は京都の葵祭に欠かせないという。京都へサバを運んだのは若狭街道である。祇園祭ではバッテラ寿司がつきもの、熊野や紀州の祭りではサンマの姿寿司がつきものである。

魚の供養を盛大におこなうところがいくつかある。そのなかでよく話題になるのは浜名湖のウナギ供養で、これは魚籃観音の祭りである。下関ではふく（ふぐ）供養をおこなう。魚の祭りとしては香取の山倉神社のサケ祭りが名高い。秋田の金浦山神社ではタラ祭りがおこなわれる。南知多町の中州神社では鯛祭りをおこなうが、千葉の御宿でもおこなう。中州神社では長さ二十メートルにおよぶ張り子の鯛が町内を練り歩いたあと、海につけられる。

魚文化は魚を食べることが多かった日本でとくに発達したが、世界でも有名な魚料理があり、そのひとつはマルセイユのブイヤベースであり、プロヴァンスの魚スープ、そしてスペインのパエーリャである。ブイヤベースが魚だけではなく、エビなども入れるように、パエーリャも魚を中心にして蛸やホタテ、エビなども入れる。肉はベーコンを味付けに使うくらいである。ブイヤベースのほうは肉はいっさい入れない。そのかわりハーブをふんだんに入れる。魚スープは各種の魚をミキサーでくだいてスープにする。これにチーズをかけてグラタンにする。ニンニクを入れたマヨネーズ（アイオリ）をかけることもある。スープはヨーロッパ語では飲むものではなく食べるものだが、これなどはまさに食べるもので、きわめて濃厚である。パエーリャはサフランで炒める。スペインも南仏も魚をよく食べるが、食べかたは日本と少しちがったところがあり、煮た料理の場合、まず最初に短時間ゆで、そのゆで汁をもとにしてソースをつくり、ほかの鍋で野菜と一緒にじっくり煮た魚にかけて供することなどが多い。それに前菜でよくでるのが燻製の魚で、サーモンだけではなく、ヒメマスでも燻製で食べるし、サバの燻製もよく食べられる。ほかに金曜の魚の日に食べられるのはタラのフライで、大きなタラを切り身にしたものにパン粉をつけて揚げる。学生食堂などでも金曜はこれが定番で、学生たちはまたかという顔をして食べる。フランス人一般には魚はあまり好まれない。ことわざ的表現でも「魚が腐ったような目」あるいは「腐った魚の目のよう」などというと日本で「女の腐ったようなやつ」といったニュアンスになる。

中国ではもちろん紅焼鯉魚や酢溜鯉魚が正餐で出るが、その前後にはふかひれスープがでる。内陸部では海の魚はあまり知られていなかった。

ロシアのグルジア（ジョージア）ではチョウザメの軟骨を長時間煮つめて煮凝りを食べる。もちろんチョウザメの卵、キャビアもある。

フランスではエイプリルフールのことをポワソンダヴリル（四月の魚）という。

ポリネシアではサメ神がいて人間に変身するという。この神は海難を予知し、漁民たちを救ってくれる。また人間になって村の娘のところへ通い、子を産ませる。子は賢者になる。部族単位でサメをトーテムにしているところもある。猛獣も蛇もいないポリネシアではサメが唯一の人食いで、おそるべき神として、また始祖としてあがめられたのである。八丈島でもサメの民俗があるが、ポリネシア文化圏に接触していたからかもしれない。漁船の進水式で、「サメの餌」と称して、餅を釣り竿につるして、浜の男に捕らせてから、船にひきあげて、叩きのめすのである。サメ神を捕獲して殺して、のち、海に返す儀礼と思われる。これについて矢野憲一は「憎まれ役が道化役になり、祝福を与えてくれるという行事は、追儺祭の鬼や、秋田県男鹿半島のナマハゲ」などに共通するものとしている。トーテムが神になるのだが、その前段階として、おそろしい獣をつかまえて、嬲り殺し、そのさまを見ながらはやし立てるという儀礼があり、それによって、獣が祝福を与えてくれる神になると理解される。熊以外猛獣のいなかった日本では、熊も人をむさぼり食うことは少なかったので、サメがもっともおそれられた文化圏に属していた。サメのことを「ワニ」と呼ぶのもそのあたりの獣の神格化のプロセスを語っているだろう。

ヨーロッパでは魚は人を食うものとして恐れられ、あるいは忌み嫌われたこともあった。ヨナを呑みこんだ巨魚の伝説はそのひとつだろう。人を呑むほど巨大でなくとも、たとえばサバは「死人喰い」として忌み嫌う人がいる。

しかしそれと、キリストを「魚」であらわす習慣とは矛盾するようにも見える。これは「イエス・キリスト・神の子・救い主」の名をギリシャ語で書くと、その頭文字が魚を意味する「イクトゥス」となることからきている。そこから魚の図をキリスト教徒のシンボルともした。

初期教会のキリストのしるし Iesus Christ の頭文字をとり、ギリシャ語の魚（ラテン文字では Ichithus）であらわした。

フランスの船乗りがアフリカのアン
ゴラ沖で遭遇したというクラーケン
（ピエール・デニス・ド・モンフォール画、1810年）

フランスの軟体動物学者ピエール・デニス・ド・モンフォールが描く海の怪物クラーケン。ここでは大ダコのように描かれているが、巨大イカがイメージのもとではないかとされている。いずれにしても酒樽ほどもある触手を伸ばしてきて、船乗りたちの身体にからみつき、海中にさらってゆき、あるいは、この絵にあるように大型の船舶をからめとって沈没させる。ヴィクトル・ユゴーの『海に働く人々』にも出てくる。

III　昔話・伝説の魚

魚介類の昔話は海中ではなく、陸上で展開する。したがって登場する主人公も蟹や亀といった水中でも陸上でも生活するものが多い。例外は旅の僧に化けてあらわれる大ナマズなどだが、その場合も物語は陸上で、僧と村人の間で展開する。水中の魚が主人公となる物語でもアニメ映画『ファインディング・ニモ』のように、主要な山場はシドニーの歯科医の水槽からの脱出である。水中だけで物語が展開するのは戸川幸夫の動物小説『黒い背鰭』か井伏鱒二の『山椒魚』くらいである。昔話も人間の物語であり、動物昔話も擬人的な物語である以上、それは当然なのかもしれない。それに水中の世界は昔話にとって未知の世界だった。[8]

異類婚姻譚では蛤、鯉、河童などの例があるが、一般に魚介類は少ないような印象をもつ。しかし異類女房譚では必ずしもそうとばかりはいえない。異類女房は狐や鶴だけではなく、魚、蛤、蛙などもあり、犬や馬の異類婿より数は多いかもしれない。そのもとにトヨタマヒメがいるとするならなおさらである。河童や猿のかたちでは異類婿が多いのは、話型の偏りによるだろう。

一、日本の昔話

猿蟹合戦

猿と蟹が柿を巡って争う話は全国的に知られているが、蟹の仇討ちになる場合、争いのもとが柿ではなく餅である場合もある。発端は柿の種で、蟹が持っていた握り飯を猿にとられ、かわりに柿の種をもらう。その種を植えて水を

猿蟹合戦（英語版『日本御伽噺』1908 年）

やっていると実が成る。蟹は高い木に登れないので、猿に取ってもらう。猿は木の上から青い柿をとって蟹に投げつける。蟹は栗、蜂、臼などと相談して仇討ちをする。[91] 桃栗三年柿八年というから、種を播いて育てても、実が成るのはずっと先で、息の長い話である。

蟹報恩

蟹に洗い米の残りなどをやっていた娘が大蛇の嫁になることになり、家にとじこもって泣いていると、蛇がやってきて家を取り巻いていまにも家がつぶれそうになる。そこへ蟹がやってきて、蛇を鋏で切って殺す。竜退治譚であれば、怪物を退治した若者と生贄の娘が結ばれる。蟹報恩でも、蟹と娘が結ばれる話があってもいいところである。が、多くの物語では蟹も大蛇と戦って死んでしまう。[92]

ココウ次郎

これも蟹の話である。話としては「舌切り雀」にも似ている。爺は蟹を山の沢で見つけて、ココウ次郎と名付けて

兎と亀（『家庭教訓　はなしのとも』挿絵、1892 年、国立国会図書館蔵）

可愛がる。婆がそれをねたんで、蟹を殺して焼いて食べてしまう。爺が蟹はどこへいったと捜していると鳥が杉の木にきて、「蟹の身は婆さんの腹へ」と告げる。

ウサギと亀

インドあるいはギリシャ（イソップ）起源の物語。ウサギと亀がどちらが速いか競争をするが、ウサギは途中でひと眠りしてしまい、その間に亀がゴールインする。トリックスターとしてのウサギが失敗する話である。亀が仲間を動員してあらかじめゴールのところに一匹配置しておく話もある。

クラゲ骨なし

竜宮の乙姫が病気になり、猿の生き肝を食べれば助かるというので、クラゲが使いになって猿をつれてくる。しかし、途中で竜宮へゆく真の理由を知った猿が、肝は木にかけて干してきたといつわって、もとの岸辺に戻る話。クラゲは罰として骨を抜かれる。クラゲではなく亀になっている場合もある。その場合は亀が叩かれて、甲羅にひびがはいる。

タニシ長者

子のない夫婦が観音に祈ってタニシでもいいから子が欲しいというと、タニシをさずかる。タニシは長者の家に招かれて一泊するが、その際、もっていた麦粉菓子を長者の娘の口にぬっておき、翌朝、おらの麦粉を食べられたと泣く。調べると娘の口に麦粉がついている。長者は娘をタニシにくれてやる。娘はなんだこんなものと、下駄でタニシを踏みつぶす。するとタニシが立派な若者に変身する。[93]

タコ長者

貧しいタコ取りが、金持ちを装って、長者の娘をもらう。夜中に化け物がでるが、嫁は化け物と問答して、その家の下に埋められている宝物が化けたものであることを知り、それを掘り出して、タコ取りが長者になる。

蛤女房

見知らぬ女がやってきて嫁になる。その女がつくる味噌汁がうまい。どうやって作るのか覗いてみると、女が鍋にまたがって小用を足している。女は自分は本当は蛤だと言って、蛤になって海へ去ってゆく。冒頭に蛤を助けてやる話があって、報恩譚になる場合がある。[94]

竜宮女房

魚女房のタイプのものと絵姿女房のような展開をして、殿様の目にとまったために、難題を課される話になる場合があるが、本来は木こりが売れ残りの薪を川へ投げていると、それが竜宮にとどき、竜宮の乙姫がそのお礼に嫁になってくる。乙姫が嫁にならず、竜宮童子を連れてきて何でも願いが叶うようにしてくれる場合もある。[95]そのタイプでは、竜宮に招かれて、土産に金の糞をする黄金子犬をもらってくるものもある。

河童婿

田に水を入れてくれた河童の嫁になることになった娘が瓢箪を持って河童のいる淵へゆき、この瓢箪を沈めてくれたら嫁になるという。河童はいつまでも瓢箪を沈めようとして沈められない。[96]

蛇婿入り

河童婿と同じように瓢箪をもって嫁入りをする例もあるが、その場合は、瓢箪に針を刺していて、蛇はその毒に当たって死んでしまう。しかし何の工夫もせずに蛇の嫁になる例もあり、その場合はしばらくして親が会いにくると、山の湖の底から姿を見せ、自分はもう蛇体になったから、もう会いに来てくれるなと頼む。昔話の蛇は山の池に棲む主であることが多い。これを怒らせると雷雨が降り、あるいは洪水になる。

蛇の目玉

見知らぬ女がやってきて嫁になるが、子供を産むところを見ないでくれというのを覗いてみると大蛇だった。女は正体を見られたといって去るが、去り際に目玉を一つくりぬいて、子供が泣いたら、これをしゃぶらせてくれと言う。子供は、蛇の目玉をしゃぶって大きくなる。殿様がそれを聞いて、その不思議な目玉を取り上げる。男は山の池へ行って蛇を呼び出し、もう一つの目玉をもらう。蛇はもう目が見えないので、時刻が分かるように池のほとりに鐘つき堂を建てて、鐘をついてくれという。その二つ目の目玉も殿様に取り上げられる。それを知った蛇は洪水をおこして、殿様の城をおし流す。

もの言う魚

ある男が魚を拾ってゆくと、水中から「どこへゆく」という声がする。すると拾った魚が「背中あぶりにゆく」と答える。沖縄ではジュゴンを釣ってくると、海中から、「早く帰ってこい」という声がする。ジュゴンが「津波をおこして助けてくれ」という。八重山では捕えた魚を放してやると津波がくると警告してくれて、おかげで、その家だけ津波に流されなかった。沖縄では人魚のような妖怪ヨナタマがものを言う。[97]

もの食う魚

村人たちが毒流しをして魚をとろうとしていると旅の僧がやってきて、殺生をいましめるが、村人たちは僧の言うことを聞かない。かわりに小豆飯を僧にふるまってやる。翌日、毒流しをすると雑魚にまじって六尺もあるような大ウナギがあがった。そのウナギの腹をさいてみると小豆飯が出てきた。

ぼさまと鯨

旅の僧が鯨に呑まれた。鯨の体内で、小刀を出して腹をえぐったら鯨が坊主を吐き出した。呑み込んだのが医者の場合もあり、医者が鯨の胃の中で、薬をぬると、鯨が吐き出し、こんな苦い坊主ははじめてだと言った。ヨナの鯨の話を思わせる。[98]

フカに影を呑まれる

フカが舟についてくると舟が進まなくなる。フカに影を呑まれたのだから、だれか鱶のえじきにならなければならないという。一同、手ぬぐいを流すと、見込まれたものの手ぬぐいが呑まれる。

メバルとタコのユガタイ（世語り）

「なくした釣り針」のタイプである。子供が釣り針をなくして泣いていると竜宮の神様がやってきて魚を集めて釣り針をさがす。メバルがこなかったので、タコに言って連れてこさせる。神様は棒でメバルの口をこじ開けて、釣り針をとって子供に与える。メバルはそのあと、口が大きく裂けてしまったと言って、タコを棒でたたく。それ以来、タコはグニャグニャになってしまった。（『日本の民話』）

瓢簞鯰

室町時代の画僧、如拙《じょせつ》の瓢簞鯰の絵では、あたりいったい茫漠たる湖沼のようにも見える。あるいは海かもしれな

如拙筆《瓢鮎図（ひょうねんず）》（室町時代、退蔵院蔵）。瓢簞もナマズも男の立っている中の島もみな同じ形である。画題の「鮎」は、本来、鯰を意味する。

い。ナマズは本来淡水魚だが、鹿島神宮の要石で押さえられているナマズは太平洋に浮かぶ日本列島を背負っているように見える。海に棲んでいるのである。瓢箪鯰の絵の中州も海に浮かぶ島のようでもある。それも見ようによっては日本列島のようにも見えなくもないし、また、瓢箪型とも見えなくはない。瓢箪型の島に乗った男が瓢箪を手にもって、瓢箪のような形のなまずを瓢箪に入れようとしている。瓢箪には本来水が入っていただろう。そこから世界を水没させるような大水が出たのかもしれない。そして水の精のようなナマズがそのなかにいたのが、瓢箪から水を流したときに、するりと抜け出して、外へ出てしまった。それが、そのまま大海へ泳ぎ去るかわりに、男の足元で、もとの入れ物を恋しがっているかのような様子をしている。ここで、この男に「世界水」を自由にあやつる道術があると仮定しよう。彼が瓢箪をかたむけたら、そこから世界水があふれ出て、同時に世界魚も抜けだした。彼が呪文をとなえれば、あふれ出た水も瓢箪に戻り、ナマズも瓢箪に入るかもしれない。

井伏鱒二の『山椒魚』でも、ぐにゃりとした形のサンショウウオなら、狭い所へ閉じ込められても、くるりと身をひるがえしてすぽっと抜け出てくるかもしれない。あるいは餌がなくなって飢えてくればやせおとろえて、するりと岩穴を抜け出せるかもしれない。水族館などでも、サンショウウオは底のほうにじっとしていて動かないが、ちょっと油断をすると、狭い穴からするりと抜け出して脱出するのではないかとも思われる。ちなみにサンショウウオは西洋ではサラマンダーと呼ばれ、火蜥蜴と訳される。フランソワ一世のエンブレムでもある。

フランソワ１世のエンブレムであるサラマンダー
（フランス、ロワール渓谷のアゼ＝ル＝リドー城）

二、日本の伝説

梅と鯉

ある人に鉢植えの梅をもらって、植え替えようとしたら、根の下に黒いものがある。みると魚の形をしている。それを水に入れると鯉になって泳いでいった。（柳田國男「魚王行乞譚」）

ヒラメと良寛

良寛は子供のころ、親をにらむとヒラメになるとしかられて、ヒラメになったら海に入ろうと汗顔でしょんぼり待っていた。（内田恵太郎『私の魚博物誌』）

蛇とタコ

蛇が海中に入って、変じてタコになる（『私の魚博物誌』）。スズメが海に入って蛤になるともいう。

エラブウナギとトヨタマヒメ

エラブウナギは「本来陸上動物のヘビ類が海の生活に移ったのだから、繁殖のときには故郷の陸地に帰ってくる」。トヨタマヒメが元つ国の姿で出産して、「のち蛇体となって海に帰った神話が思い出される」。（『私の魚博物誌』）

河童

伝承の河童について内田恵太郎は生物学的に描写している。いわく三歳ないし十歳くらいの人間の小児の大きさ。身長一メートル内外、体重四十五キロくらいまで。体は頸と胴が短く、大部分に短い毛がまばらに生えているが、とがった尾がはっきりと分かれており、背部には楕円形の大きな滑らかな甲がある。四肢は非常に細くて長く、直立した時に前肢は後肢の膝関節を越えて垂れる」「頭を打てば首は胴の中に八分ほど入り、胸や肩が張り出してせむしのような形になる。しかし、死んだものは頸が引っ込まない」。「口は歯がなくくちばしのようになっているが、実際には上下二対のとがった歯が奥の方にある」「河童には尻の穴が三つもあるといわれているが、おそらく消化管末端の開口である直腸の肛門と尿道の開口と生殖門とを意味するのであろう。」「外部生殖器の形については不明で、絵画などには全然描かれていない」「平常は器官が体内に隠されていて、興奮したときだけ大きく外に現れる動物はいくらもあるから、河童もその例かもしれぬ。」「河童は窮地に陥ると、非常に臭い屁を発して敵を悩ます。」以上、たとえば中村禎里の『河童の日本史』にはみられない精密な「観察」である。また驚くのは「空を切るような鋭い音を発して弾丸のような速さで飛ぶことができ」る。「おそらくロケット式のジェット推進で」「強力な放屁の反動によって高速飛行が可能なのだろう」と推測している。この話はほかの文献にはみられないところである。

河童には外部生殖器官がみられないので、卵生かもしれないというが、生まれてくる子に生まれる意思があるかどうか聞く芥川龍之介の記述（『河童』）によれば胎生だろうという。内田は九大教授だったから九州の伝承に詳しい。それによると「北九州の海御前一族と筑後川筋の九千坊一族との抗争」は有名とある。海御前一族は女性河童の集団である。

人魚

内田は人魚の伝承についても珍しい話を紹介している。「北米インディアン」の間に伝わる伝承で、「彼らが不毛荒涼たるアジアの地から東方の北米へ移動したときに、これを進め導いたのは半人半魚の男だった」という。「腰から上は男だが、二本足のかわりに二つの魚の尾があり、顔は人間だがどこかイルカに似て、長い頭髪とヒゲは緑色だった」「彼らを新しい土地に導いたのちに、この魚人は歌いながら海中に去って再び現れなかった」。サケなどの回遊をする魚の観察から生まれた伝説かもしれない。「水を渡る民」についてはインディアンの「渡り」を物語る『一万年の旅路』にも出てくる。「渡り」をするのは白鳥などの鳥でもよかったが、サケの背に乗って旅をした話などもあり、サケがやってくる土地を憧れをもって想像した人々の伝承かもしれない。なお人魚の想像のもとはジュゴンであろうとされているが、内田はむしろリュウグウノツカイではないかといっている。[99]「日本の人魚はジュゴンではない」と断定しているのである。

平家蟹

瀬戸内海の伝説では平家蟹伝説がある。壇ノ浦で滅んだ平家の一党が蟹になったというもの。「甲羅にうらみを呑む憤怒の武将の顔が刻まれている」という。同時に入水した官女は小平家《こべけ》という美しい鯛に変わった。「金色のウロコと、白い肌がなまめかしい」という。（西尾牧夫『海の伝説』）

金魚

讃岐の上臈島の付近の海には金魚に似た「おせん」という魚が群れている。むかし増因という青年僧がいた。あるとき城主の奥方が腰元を引き連れてこの島にきて、この青年僧に金魚の話をさせた。僧は金魚に詳しかったのである。腰元のひとり「お仙」がその僧をみて恋心を燃やし、ふた

壇ノ浦の戦いで敗れて海に散った平氏の亡霊が乗り移ったという平家蟹（歌川国芳画）

りは人目を忍ぶ仲になった。がその仲は人の知るところとなり、腰元は入水して金魚になった。(『海の伝説』)

フカ

大分の海部郡の伝説で、沖へ出た船が突然動かなくなると、乗員がみな各自の手ぬぐいを海に浮かべ、手ぬぐいが沈んだものが海に投身してフカの餌食になった。あるとき、ひとりの武士が船に乗り込んでいて、突然船が動かなくなり、習わし通り、みんな手ぬぐいを舷側に浮かべたところ、武士の手ぬぐいが沈んだ。しかし武士は弓をつがえて、フカを射た。すると船は進んだ。武士が上陸すると、岸では武士が射たフカが引き上げられていた。そのフカの口のなかを覗き込んだとたん、フカの口が閉まって、武士は死んでしまった。(『海の伝説』)

三、中国の昔話と伝説

ナマズの精

ひとりの乞食が、橋神たちの話を聞いた。それによると明日、仙人がここを通るという。乞食はその仙人になにかいいものを恵んでもらおうと思った。そこへ足の悪い乞食がやってきた。乞食は、この乞食こそ仙人にちがいないとにらんで、しがみついてお慈悲をたれてくれるように頼んだ。仙人は足の膿とほこりをまぜて珠にしてくれてやった。乞食はそれを呑み込もうとしたが、ムカついて、おもわず吐き出してしまった。珠は川の中へ落ち、ナマズがそれを呑み込んだ。おかげでナマズは精になって人の姿になれるようになった。数年後、ある役人とその妻が舟に乗ってそこへ通りかかった。女の金の腕輪が川に落ちてしまった。役人が飛び込んでそれを取ろうとするとナマズが役人を呑み込み、役人に化けて舟に上がってきて、そしらぬ顔で役所へ行き、夜になると女と交わった。ただ、肌が冷たいのと、毎日、大桶何杯もの水を浴びるのが奇怪だった。あるとき、水浴しているところをこっそり覗いてみると大ナマズだった。女はびっくりして、道士を呼んでナマズを退治してもらった。道士は簪をナマズの頭に突き刺してもう人間に化けられないようにした。[100]（『中国昔話集Ⅰ』）

タニシ妻

一人の農夫が田を鋤いていると大きなタニシがついてきた。そこでそれを拾って瓶に入れておいたところが、仕事をして帰ってくると食事の用意ができていた。あるとき早く帰ってくると美しい女がタニシの殻から抜け出して家事をしていた。男はタニシの殻をかくし、女を女房にした。やがて男の子が生まれた。男はタニシの殻を出して子供を遊ばせた。女はそれを見るとその殻の中に入ってしまった。[101]（『中国昔話集Ⅰ』）

李四嫂さん

王さんと李さんが散歩をして川のほとりへきた。王さんは川の中には竜王がいて、たくさんの宝物をもっていると話した。すると李さんが突然、川の中へ飛び込んで魚になった。（『中国昔話集Ⅰ』）

孟姜女

孟さんと姜さんが互いにカボチャを植えた。カボチャは境を越してひとつの株になり、大きなカボチャが実った。それを割ってみると美しい女の子がそこから生まれた。娘は美しく成長し、ある男と結婚したが、皇帝の役人がきて夫を連れていってしまった。そして次には皇帝が女を妾にしようとした。女は台から川に飛び込んで死んだ。兵士たちが皇帝の命令で女の身体を矢で射った。女の身体はばらばらになり、みな白魚に変わった。（『中国昔話集Ⅰ』）

塩魚の頭の砂

ある男が老いた母と性悪の嫁と暮らしていた。あるとき男は商用で留守にした。すると嫁は姑を虐待し、食事には魚の頭だけ与えた。老婆は帰ってきた息子に訴えた。息子は計略をさずけた。食事ごとに魚の頭の砂をとっておいて、商人が買いに来たら高く売るようにさせた。嫁はそれを見て、いままでと逆にし、老婆には魚の身をやり、頭を自分が食べ、頭の砂をとっておいたが、魚の頭の砂を買う商人はいくら待ってもこなかった。それもそのはず、商人というのは息子の友人で、頼まれて芝居をしていたのだ。それがわかると嫁は行いを改めた。(『中国昔話集Ⅰ』)

水母娘娘

ひとりの養女がいて、いつもいじめられていた。この娘が水瓶を棒でたたくと水がいっぱいになった。あるとき小姑がその真似をしたところ、水がどんどんあふれてとまらなくなった。養女がその甕の上にすわると水はとまったが、瓶は隣村まで流されていった。そこで村人たちは彼女を神として祀った。(『神話の系譜』)

亀の伝説

中国には海洋伝説は少ない。魚の伝承も鯉など湖水の魚についてのものが多い。しかし亀は海亀、陸亀をとわず、かなり顔をだす。やはり長寿の象徴で、神亀は五千年、霊亀は一万年生きるという。最近は三足の亀を縁起物として土産物屋などで売っている。『捜神後記』に、ある武人が白い亀を買い取り、甕の中で飼って可愛がり、成長した亀を揚子江に放した。その後戦で敗れ、兵士たちは揚子江へ飛び込んで溺れ死んだが、この人は放してやった白い亀に助けられたという話がある。また、『本草綱目』では、亀について「上部の隆起は天の法を、下部の平らは地の法をあらわしている、としている。[102]

『子不語』の伝説

江西で、呪文をとなえて魚やスッポンをとる者がいた。あるとき、いつものように呪文をとなえると、妖怪が現れた。大きさは大猿くらい、するどい爪で、牙をむきだして襲ってきた。男は地に倒れたが、人々が助けにかけつけたので、妖怪は逃げて行った。

あるとき白い巨大なウツボがつかまった。それを県令に献上したが、県令はすぐに川に放った。前日、魚の女神が夢にあらわれて、明日災難に遭うが、助けて欲しいと言ったのである。

あるとき漁師の網に六、七人の水精がかかった。子供くらいの大きさだったが、海和尚というものだった。

ある山のなかで大きなカラスガイがごろごろしていて、なかのひとつが口を開けたのを見たら、なかに夜叉がいた。その人がそれを見て逃げ出すと、貝はぼうぼうと吠えながら追いかけてきた。

河南省の水路に巨魚がいた。これが化して美女となった。李氏の子が誘惑されて一年後に死んだ。ついで宋氏の子も誘惑されて死んだ。楊家の某が妖怪であることを気づき、水から遠ざけて寵愛した。三年のあいだに三子を生んだがみな魚と化した。ある日、暴風雨となり、女が魚になって、子をかかえて洞庭湖に身を投じた。

浙江省の人が市場で大魚を買った。家に帰って半分だけ食べて、残りを蝿帳に入れておいた。夜になるとその半分の魚が不思議な光を発した。驚いて川に持っていって流した。家へ帰ってみると家じゅう火だらけで、三昼夜燃え続けた。

四、アジアの昔話と伝説

やもめと魚（インドネシア）

貧乏なやもめ男はなにか落ちてないかと思って川べりを歩いていた。すると川は干上がって、魚たちが死にかけていた。そのとき、とりわけ大きな魚が天をあおいで、アラーにむかって雨を降らせたまえと祈りだした。するとそれにこたえるようにに雨が降ってきて魚たちは救われた。男はそれをみて、自分もアラーに願ってみようと思った。すると金貨銀貨をいっぱいつめた袋が降ってきた。実はとなりの男がやもめをからかってやろうとしてガラクタを詰めた袋を投げたのだが、その中身が金貨銀貨に変わったのだ。もっともやもめはその金を使い果たすと、またもとの一文無しに戻っていた。（『世界の民話』）

ラオと魚（インドネシア）

ラオは池の魚と仲良くなった。弁当を持っていって、その大部分を魚にやるのだった。父親があるときあとをつけて、その秘密をみつけてしまった。そして、ラオをほかのところへやって、池へいって魚を殺して持ち帰った。ラオは何が起こったかを知ると、池のほとりへ行って、いつも魚と会っていた石をたたいて、扉を開けておくれと言った。石の扉が開いてラオはそのなかに吸い込まれていった。（『世界の民話』）

三匹の魚（パンジャブ）

池に三匹の魚がいた。一匹は賢く、二匹目は中くらいに賢く、三匹目はおろかだった。あるとき男が通りかかって、魚を見ると家へ帰って網を持ってきた。賢い魚は逃げていた。男が網を入れると二匹の魚が入っていたが、一匹は死んだようになっていて動かなかった。男は死んだ魚はだめだといってその魚を池へ戻し、元気に跳ねている三匹目の魚を殺して持ち帰った。（『世界の民話』）

竜王の娘と結婚した男の話（モンゴル）

あるとき少年が虎を追っていると、乳の海の岸についた。そこに美しい女があらわれて、あなたはわたしの夫となる人ですと言った。だが、その前に竜王が出す難題を解決しなければならなかった。さらに地上では王の出す難題も成し遂げなければならなかった。すべては竜王の娘の助力で成し遂げられた。モンゴルにも竜宮があったという話。（『世界の民話』）

朝鮮の伝説

水路夫人という絶世の美人がいた。あるとき旅をしてとある海岸を通りかかると、夫人を目にした竜王があらわれて夫人を海中にさらっていった。一同が悲嘆にくれていると一農夫が通りかかり、「亀さん、亀さん、水路夫人を返さないと、網でとらえて焼いて食べるぞ」と歌った。すると竜王がおそれて夫人を返した。亀は竜王の化身だったのだろう。

あるところの娘が夜ごと通って来る若者によって懐妊し

た。その男の足に糸玉をゆわえておくと、近くの池に入ったので、そこをさらってみると一匹のカワウソがいた。娘は男子を産んだが、知恵と体力に秀でた立派な青年になった。そのとき一人の僧がやってきて、池のなかの臥竜石を指し、天子王侯の気があると告げた。そこで、カワウソの墓を掘り返して、骨をその岩にかけた。それ以来、この青年に運が向いてきて、最後は清太祖になった。

同種の話で男の素性が大亀であった話がある。生まれた子は平康蔡氏の始祖となった。

とある女が水辺で洗濯物をしていると水中から鯉が飛び上がって女の腰を打った。やがて女はみごもって玉のような男子を産んだ。これが魚氏の始祖となった。（『朝鮮の神話と伝説』）

五、南北アメリカの神話的昔話

サケの話

あるときコヨーテとスカンクとオオカミがサケを殺して、その女房をさらっていった。しかし雌サケはその途中でひとつだけ卵を産んでいった。それが孵って、大きなサケになった。サケは両親の敵討ちをしようとして、人間に姿を変えて、コヨーテたちのところへ行った。母親はオオカミたちのところにいた。そして五匹のオオカミの子供を産んだがサケはそれを火にくべてしまった。母サケはすっかりやせ衰えていたが、魚の油をかけるといっぺんで若返った。そしてたくさんの卵を産んだ。（『世界の民話』）

亀とジャガー

亀は獏の睾丸を噛んで殺したが、留守のすきにジャガーがやってきて、肉を全部食べられてしまった。戻ってきた亀はジャガーを追いかけて、猿の助けを借りて、木に登り、そこになっている果物を食べていた。そこへジャガーが戻ってきて、下りてこいという。亀はそこでジャガーの頭の上に飛び降りて、ジャガーを殺してしまう。そして足の骨をとって笛をつくって吹いていた。（レヴィ＝ストロース『蜜から灰へ』）

電気ウナギの結婚

美しい娘がいたが、父親が気むずかしく、どんな男も父親の承諾を得られなかった。そこへ電気ウナギがやってきた。はじめは父親は気乗りがしなかったが、からだにさわってみて、びりっときたので、考えを変えて、婿にした。そして雷鳴やいなづまや雨を制御するように言った。婿は嵐がやってくると、雲を左右にけちらして、雷をさけた。（レヴィ＝ストロース『蜜から灰へ』）

サケの解放

コヨーテはあるとき増水した川を渡っていて、足を滑らせ、海へ流されていった。そこには舟があって二人の女が乗っていた。コヨーテはゆりかごに入った赤ん坊に化けて、彼女たちの同情を買って、舟に乗せてもらった。舟にはありとあらゆる魚がいた。コヨーテは女たちの留守のあいだに魚を食べ、女たちが帰ってくると指をしゃぶって、しらん顔をしていた。やがて、コヨーテは舟に穴をあけて、残っていた魚たちを解放した。たくさんのサケが川を遡っていった。（レヴィ＝ストロース『裸の人』）

毒流しの起源

父親と子供が川へ魚取りにいった。子供が川で泳ぐと魚が死んで浮かんだ。父親はその後、それを繰り返した。魚たちは子供を殺そうとした。しかし近寄るのは恐いので、子供が泳いだ後倒木に横になって体をかわかしているときに、襲った。子供は死ぬ前に、彼を埋めたところから生えてくる植物の根や茎で魚をとれると言った。（レヴィ＝ストロース『生のものと焼いたもの』）

カワウソの治療法

狩人の男のペニスが長く伸びてどうしようもなくなった。そこに数匹のカワウソがやってきて、直してやることにした。カワウソはカラティンガという魚をとって火にあぶって患部にはりつけた。するとペニスは短くなった。もう一度やると小指くらいになった。（レヴィ＝ストロース『食卓作法の起源』）

大きな魚

二人の男が旅をして疲れ果てた。魚が打ち上げられているのをみつけて、焼いて食べた。すると、いくら水を飲んでも乾きがとまらなかった。ついに川のなかに入って魚になってしまった（レヴィ＝ストロース『食卓作法の起源』）。日本にも同種の話があるが、日本では女が竜になる。

どうしてイッカクイルカは牙をもったか

あるところに老婆と孫娘と目の見えない孫息子がいた。雪が降って、食べ物がなくなった。熊がやってきてイグルーのなかを覗いた。老婆は孫に熊を射るように言った。そして熊の肉を女たちだけで食べた。孫息子には矢がはずれたと嘘を言った。孫娘は肉をかくしておいて、夜になってから孫息子にたべさせた。孫息子は水がのみたくなった。そこで妹にたのんで水場へ連れていってもらった。そこに鳥が飛んできて、彼の首につかまるように言った。首につかまると鳥は水にもぐった。それを何度か繰り返すと、孫息子の目が見えるようになった。ある日彼らは浜辺でイルカやクジラを見た。少年は銛を撃った。老婆はその銛のロープをもったまま、水のなかにひきずられていった。そして水の中でイッカクイルカに変身した。（『エスキモーの民話』）

鯨とカサゴと石と鷲

四人の娘がいた。ある日、潮を吹いている鯨を見て、なかの一人が、あれを私の夫にすると言った。ほかの娘もそれぞれ、カサゴ、石、鷲を夫に選んだ。鯨は娘が逃げるのをおそれて、外へ出ることを許さなかった。しかしあるとき、おしっこをすると言って外へ出て、綱を柱にゆわえつけ、呼ばれたら彼女のかわりに返事をするように言って逃げた。鯨は気がついて鯨に戻って追いかけた（普段は人間の姿だったらしい）。娘は両親の舟に乗って逃げた。鯨は追いかけたが、岸に激突して死んだ。ほかの娘たちの夫もそれぞれ死んだ。（『エスキモーの民話』）

鯨と結婚した娘

娘は鯨の頭を夫にした。頭は鯨になった。兄たちがやってきて、娘と一緒に逃げた。鯨はあとを追った。娘は着ているものを一枚ずつ脱いで投げた。鯨はそれらのにおいをかいで、またあとを追った。ついに浜辺について、兄たちは鯨を銛で殺した。娘は家に戻って小さな鯨を産んだ。鯨は大きくなって海へ帰った。人々は鯨を殺した。（『エスキモーの民話』）

湖の怪魚

大きな湖のほとりに男と女と息子が住んでいた。あるときカリブーが湖へ入っていった。息子はカヌーに乗ってカリブーを追いかけた。そしてカリブーを仕留めたが、カリブーが沈んでゆくときに渦巻きができ、カヌーと息子がそこに巻き込まれて見えなくなった。父親は湖にいる巨大魚が息子を呑み込んだものと思って、その巨大魚を退治してやると誓った。魚がとれて、腹のなかから鹿の枝角がみつかった。（『エスキモーの民話』）

海の獣の母

人々は新しい居住地を求めていかだを作った。孤児のヌリアジュクはいかだから海のなかに投げ出された。いかだの淵につかまったが、人々はその指を切り落とした。指はアザラシになった。ヌリアジュクは海の獣、陸の獣の女王になった。彼女は海の底の家に棲んでいる。人間がタブーを犯すと激しい怒りをあらわす。シャーマンだけが彼女を制御することができる（これは海の母セドナの話である）。

（『エスキモーの民話』）

どうして電気ウナギができたか（ブラジル）

あるとき一人の男が川岸で、みんなが水浴びをしているのを見ていると、なかの一人が彼を水へ突き落とした。すると魚たちがやってきて彼のからだをつついた。大ナマズだけが彼を守ってくれた。そこで棍棒をもって、彼を水に落とした男に復讐をしにでかけた。彼は怒りでぶるぶる震えていた。そのうち、彼は電気ウナギになった。（『世界の民話』）

六、ヨーロッパの神話的昔話

バルト海の女王（ポーランド）

バルト海の海底に女王ユラタの宮殿がそびえていた。あるとき女王は仲間の女神たちを招集し、ひとりの漁師を罰しようといった。女神たちは琥珀の舟に乗って漁師の前へ進み出て妙なる歌をうたった。その歌の虜にして漁師を水底にひきずりこもうというつもりだった。しかし女王は漁師を夫にしたくなった。それから一年、ユラタは毎晩海辺へきて、漁師と愛を語らった。それを知った雷神ペルクンは激怒して、ユラタの宮殿を雷撃し、ユラタを殺し、漁師を海の底の岩に縛り付けた。（『ポーランドの民話』）

河童（チェコスロヴァキア）

河童（水の精）は水の上に赤いリボンを突き出している。河童はいつもびしょぬれの緑色のマントを着て歩いていた。河童が商店やビヤホールへ入ると、そのあと大勢の客がその店へ入った。しかし、河童が姿をあらわしたときは、必ず、川岸の小舟の中で人が殺された。ある日、河童はつかまって棕櫚縄で縛られた。河童は必死になって見逃してくれるように頼んだ。人々は、今後、いっさい悪さをしないという約束でほどいてやった。すると河童は水のなかへ消えていった。河童の家に招待されることもあったが、たくさんの箱に赤いリボンが結んであり、それをほどくと水死者の魂が逃げ出すのだった（河童といっているのは水の精で、その女房はサーラという）。（『チェコスロバキアの民話』）

漁師の息子（ギリシャ）

子供のない漁師がある日、その悲運を嘆いていると海の中からゴルゴナ（人魚）が出てきて訳をきいた。そして十二の年に返すなら子供を授けてやろうという。そしてリンゴをくれた。それを食べるとおかみさんに男の子ができた。その子が十二になったとき、舟に乗せているとゴルゴナがとびあがって、子供をさらっていった。十七の年になると困ったときはこれを燃すようにと言って鱗を渡して、好きなところへ行きなと言ってくれた。そのころ国王の娘が難題を出してそれに合格したものを婿にすると言いだした。青年は鱗を燃してゴルゴナに助けてもらい、難題を解決して王の婿になった。（『世界の民話』）

漁師と魚（スイス）

漁師が魚を取っていると魚が一匹、何をしていると聞いてきた。生活のために魚を取っているのだと言うと、今度生まれる子供を十二年後にくれるなら、魚をいくらでも取れるようにしてやろうという。子供は動物たちの援助で変身の能力を身につけ、竜に捧げられた王女を救って結婚した。（『世界の民話』）

アシスパトルと大海蛇（スコットランド）

世界的に広まっている竜退治の物語だが、西洋の竜が一般に山に棲んでいるのに対して、この物語の怪物は海からやってくる。怪物には毎年乙女たちが人身御供にされていた。その年は王女の番だった。アシスパトル（灰かぶり）はだれからも馬鹿にされる愚か者だったが、怪物退治に名乗り出た。小舟に泥炭の桶を入れて怪物の口のなかに乗り込んでゆくと、怪物の体内で、泥炭に火をつけて出てきた。怪物は死んでも体内から火を吹いていたが、その死骸がアイスランドになったという。少年は王女と結婚した。（『小作人とアザラシ女』）

小作人とアザラシ女（スコットランド）

ある晩、男はアザラシ女たちが皮を脱いで、まばゆい裸身をさらけだしながら輪になって踊っているのを見た。そのなかにひときわ彼の目をひいた女がいた。踊りが終わり、みんな皮を着て海へ入っていったとき、男が目をつけていた女だけが残った。皮は男がしっかりとにぎっていた。男は女を小屋へ連れていった。皮は箱に入れて、みつからないように納屋の奥へしまった。二人の間には七人の子供ができた。しかし女は夜ごと、海岸へ出て海をみつめているのだった。そんなある日、子供のひとりが、納屋の奥の箱のなかからいいものをみつけてきた。アザラシの皮だった。それを見ると女はすぐそれを身にまとい、アザラシになって海へ飛び込んだ。海では彼女の夫が待っていた。世界中に分布している異類女房譚だが、スコットランドではアザラシになる。（『小作人とアザラシ女』）

スール・スケリーのアザラシ（スコットランド）

女が赤ん坊を抱いて泣いていた。子供の父親はアザラシで、海へ帰ってしまったのだ。そのアザラシがある日やってきて、子供が七歳になったら迎えに来るといって、金の入った袋を置いていった。いよいよ子供が七歳になるときがきた。アザラシが約束通りやってきて、金貨の袋とひきかえに子供を連れていった。去り際に、女には夫がやってくるだろう。その夫は海で二頭のアザラシを仕留めるだろう。それが自分と子供なのだと予言をしていった。そして万事、その通りになった。日本の犬婿などの話だと、もとの夫を殺された女は殺した男を殺して仇を討つが、この話では仇討ちのことは語られない。（『小作人とアザラシ女』）

モラー湖のモラーグ（スコットランド）

モラー湖には大蛇が棲んでいた。この大蛇は漁の邪魔をするくらいで、はっきりした害はなにもなかった。この民話集の次の話の「リントンの大蛇」では勇敢な男が大蛇を退治する。長い槍の先に火をつけた泥炭をつけて、それを大蛇の口の奥深く突っ込んだのだ。（『小作人とアザラシ女』）

オークニー諸島の伝説

『人魚と結婚した男―オークニー諸島民話集』に大海蛇退治の話がある。これは世界的な竜退治の物語と基本的には同じで、末っ子の愚か者が、生贄を要求する怪物を退治して王女と結婚する話だが、怪物がまず山中に棲む竜ではなく、海生の蛇であることと、怪物退治の方法が少し違っている。怪物は海からやってくる。そして大口をあけると海水が滝のように蛇の体内に流れ込む。主人公の船も一緒に呑み込まれるが、蛇の体内で肝臓をさぐりあてて、そこに持っていった火のついた泥炭を流し込む。海生の怪物ならアンドロメダ型だ。海からやってくる怪物に火薬をしこんだ人形を呑み込ませる話も日本の対馬にある。オークニー諸島はスコットランドの沖合、七十余の島からなり、地理的条件は日本と似ている。そこで竜も海蛇になったのだろう。怪物に呑み込まれて体内で怪物を退治するというヨナ型竜退治も海洋文化的である。

　この民話集には海坊主ナックラヴィー、アザラシ人間セルキー・フォーク、ひれ人間フィン・フォークなどがでてくる。海には「海の母」とその敵テランがいて戦っている。海底にはもちろん竜宮がある。竜宮の乙女と結婚した男の話もある。あるいはアザラシ人間がやってきて、半分人間、半分アザラシの子を産ませた話もある。ここではアザラシ人間は入水自殺者、あるいは溺死者であるという。フランスのサン・マロでは溺れた漁師はイルカになるとしている[103]（ポール・セビヨ『フランス・フォークロア』）。

もの言うウナギ（カタローニャ）

漁師がいた。あるとき網を引くとウナギがかかった。ウナギは放してくれたら沢山魚がとれるようにしてやろうと言う。漁師はウナギを放した。もう一度網を引くとまたウナギがかかった。同じ話になる。翌日、漁師の女房がそのウナギを食べたがる。漁師が網を引くとウナギがまたかかった。今度はうちの奥さんがおまえを食べたがっていると言うと、とんでもない不幸なことになる。もう魚は一匹もとれないし、おまえのかみさんもベッドで死んでいると言う。

ちいさなウナギ（ガスコーニュ）

継子がウナギを洗ってくるように言われたが、ウナギは放してくれたら、なんでも願いがかなうようにしてあげようと言う。日曜になると継母とその子供たちはミサにでかけ、継子は留守番をさせられた。そこで泉へ行ってウナギを呼びだすと、リンゴをくれる。その中からきれいな服がでてくる。次の日曜も同じようになる。三回目の日曜、王子が継子をつかまえようとする。継子は逃げ出したが、ガラスの靴が片方ぬげてしまった。そのあとはシンデレラと同じだが、継子が子供を産むと継母が川へ捨ててかわりに犬や猫やガマガエルを置いておく。王子はたまりかねて、死刑を宣告する。継子は泉へ行ってウナギを呼びだすと、きれいな子供たちが三人そろって出てくる。（ガリマール社版『フランスの民話と伝説』シリーズ）

小魚（アルザス）

食事時にひとりの徒弟がホテルへやってきて、定食のテーブルについた。テーブルの上席には身なりの立派な人たちが座っていた。ホテルでは徒弟の様子を見て、テーブルの端に座らせ、上席の方には大きな魚をもってきて、末席の方には小さな雑魚をもってきた。すると徒弟はその小魚に耳をつけてなにか話を聞いているようなふりをした。なにか魚が話しているんですか？と上席の方の人が尋ねると、ええ、数年前にこの近くで、うちの親父が溺れ死んだもので、今頃どうなっているか聞いてみたんですよ。でも、あんまり小さな魚なので、そのころのことは知らないと言うんです。それを聞いて、みんなは彼の方に大きな魚を回してよこした。（ガリマール社版『フランスの民話と伝説』シリーズ）

フランスの伝説

フランスでは漁民の伝承が多いのはブルターニュで、ほかには西海岸のラ・ロッシェルのあたりに漁民の文化があるが、地中海では漁民伝承はそれほど聞かれない。とくに遠洋漁業が盛んだったのは西の漁港で、カナダへ行った移民もはじめはこのあたりのポワティエやサントンジュの漁民だった。また鯨捕りの伝統があったのはバスク地方である。コルシカでは「海牛」をつかまえて見世物にした話が語られているが、セイウチのたぐいだろう。

リヨン地方やサヴォアではヒメマスのたぐいが金を食べていると言い伝えている。川底から砂金がとれるのと、マスのウロコが金色にきらめくことから生まれた俗信だろうか。

モルヴァン地方では「魚のように口がきけない」という言い方から、子供に魚を食べさせると口がきけなくなるという。また、魚の頭を産婦は食べてはいけないとされていた。食べると口がとがった子供が産まれるからというのだった。ベリー地方ではナツメウナギの皮は魔女が悪霊にささげるものとされていた。ワロン地方では子供の頭髪を早く生やすにはウナギの皮を髪にゆわえつけておくといいといっていた。ウナギはまたリュウマチに効くといわれていたが、ウナギのヌルヌルする皮が関節の痛みをとると思われていたからだろうか。あるいはウナギをワインに漬けておいて、そのワインを飲ませると酒乱が治ると信じられていたし、ウナギの血を数滴つれない女に飲ませて、夜中眠れなくさせるともいう。ムーズ地方では黄疸になると鯉を生きたまま胸につけておくといいといっていた。

トレギエ地方の伝説では、あるとき聖母が海岸を歩いていて、日向ぼっこをしていたカレイに、もうすぐ満潮になるのかしらときくと、カレイがその質問を繰り返して馬鹿にしたので、聖母が怒って、カレイの口がひんまがるようにしたという。ある種の魚には五本の指のあとがついているように見える。それはキリストがその魚をとって食べようとしたとき、あまりにきれいな魚だったので、かわいそうに思って水に戻してやったときについた指のあとだという。地方によってはそれは聖ペテロが漁をしていたとき魚をつかんだあとだともいう。あるいはタラの頭には聖母子の顔が見えるともいう。

サメの肉は人間の肉の味がするといって嫌われた。

各地に「魚の王」の伝承があるが、かならずしも巨大魚ではない。普通種の魚がとりわけ大きくなったものであったり、小魚でもなんらかの理由で選ばれて魚の王になったものがいる。またイワシの仲間の王がほかの魚にも命令することがある。ウツボが魚の王であることもある。ホウボウが王の場合もある。もちろん戦艦を背負うような巨大魚の場合もある。

魚の王を釣り上げると、放してくれたらいくらでも魚がとれるようにしてやるというので、放すがまた網にかかる。それを三度繰り返すうちに漁師の女房がその肉を食べてみたいと言いだす。すると魚の王が、自分の肉を食べたときは骨と内臓を丁寧に埋めておくようにと言う。そこから犬と馬が生まれ、魚の肉を食べた女房から男の子が生まれる。この子供が大きくなると馬に乗って犬をつれて冒険の旅にでかける。そして竜退治をするのが普通である。魚の王の子だから、日本でいえば竜王の子だが、それが退治する竜は西洋では山に棲んで空を飛ぶ怪物で、水生のものではない。同士討ちのようだが、そうではないのである。

魚同士で仲のいいもの、悪いものがいて、たとえばメカジキはマグロと仲がよく、マグロが網にかかると網を切って逃がしてやるなどという。あるいはウツボとザリガニが喧嘩をして、ザリガニがウツボの舌を切ってしまったので、それ以来、ウツボはものを言えなくなったという。昔は魚もものを言ったのだという。いまでも復活祭の日には話をするという。また海鳴りはある種の魚が仲間を釣り上げられたのを嘆いて泣いているのだという。

ランド地方の昔話では、岸に打ち上げられて干上がっていたスズキが、とおりかかった笛吹きに川へ戻してくれれば、なにか困ったことがあったときに力になってあげられるという。その数日後、王が宝物の箱の鍵を川へ投げ込んで、笛吹きに取ってこいと命じたところ、スズキがそれをくわえてきたと語る。バスク地方では助けてやった魚が海上の島まで背に乗せて運んでくれる。アルブレ地方の昔話では継母にいじめられていた娘があるとき、ウナギを司祭にもってゆくように言われたのが、途中で水を飲ませてくれとウナギが言うのを聞いて水に入れてやると、ウナギは泳ぎ去ってしまうが、その後、なんども娘の苦境を助けてくれ、最後は王子と結婚させてくれる。ラングドックの昔話では網にかかった金色の魚が放してくれたら願いをかなえてやろうというので、漁師の女房が次々に要求を出して、最後は女王様になりたいというと、すべてが消え去ってしまう。

オート・ブルターニュではエボシガイのなかに花があって、それが鳥に化けて飛んでゆくと信じていた。ジンガサガイも空を飛ぶと思われていた。(ポール・セビヨ『フランス・フォークロア』)

ネルヴァルの童話で『魚の女王』というものがある。小さな赤い魚が川の魚たちを従えている。岸辺に大きな樫の木が生えていて、これが森の王で、ふたりは楽しく語らっていた。あるとき木こりがやってきて、森を切り開こうとした。森がなくなったら川も干上がって、魚たちの棲むところもなくなる。森の王と魚の女王は仲間を呼び集めて、木こりに対抗して戦う。

七、アフリカの昔話

黒い川の竜

男が太鼓と竜を釣り上げた。竜は太鼓をたたき続けるあいだ、踊り続けようと言った。どちらか先にくたばった方が負けだ。男は太鼓をたたくのに疲れ果ててしまった。すると竜が彼を川のなかにひきずりこんだ。それから何年かして息子が同じところで、太鼓と竜を釣り上げた。また同じ提案がされた。しかし今度は最初にくたばったのは竜の方だった。少年は竜の首を切った。そして川のなかに釣り針を投げ、いなくなった父親を引き上げた。(『世界の民話』)

亀とタカ

「ウサギと亀」のアフリカ版。ヴグハの首長が競走に勝った者に娘をあげると言う。タカと亀が進み出る。亀は仲間と相談して競走地の数カ所に亀の仲間を配置する。その結果、亀が勝って娘を獲得するが、その亀は実は人間だった。

夜になると甲羅から出て人間になった。娘は甲羅を燃やした。（アフローアメリカンの民話）

オタマジャクシが尻尾をなくす

あるとき神が動物たちに草取りを命じた。オタマジャクシは水に入って遊びほうけていた。そこで神は罰として、オタマジャクシの尻尾を取ってしまった。そのかわり手足が生えてきた。（アフローアメリカンの民話）

Ⅳ　文学の魚・詩歌の魚

一、日本の文学

海に取り巻かれた日本には魚介類の登場する海洋文学が多いように思われるが、魚介類の文学が日本文学の主要な軸になっているというようなことはない。王朝文学は宮廷文化であって、水界はせいぜい寝殿造りの邸宅の前庭の池くらいだった。鎖国のあいだは外洋船は建造できなかった。外国へ出ていったのは漂流漁民だけである。海中世界の探検は二十世紀になるまではなかった。魚類としては鯉などの淡水魚の描かれる比率が高かった。回遊魚などが、内陸の水系にとどまることを「陸封」というが、日本文化も起源的には海洋民族ながら、文化的には陸封化したのである。

◎井原西鶴[104]「鯉のちらし紋」（『西鶴諸国はなし』より）一六八五

内助という川漁師が鯉をとりためていると、そのなかに鱗に巴の紋ができた鯉がいて、巴と名をつけて呼ぶと近寄ってきた。やがて、水から出して床で共寝をするようになった。そのうち世話するものがあって、女房を迎えたが、内助が漁にでた留守に水色の着物をきた美しい女がきて、内助とは長年のなじみである。お前さんはとっとと里へ帰るがいいと言った。内助は帰ってきてその話を聞いたが覚えのないこととて、気にとめずにまた夕方から漁に出た。するとにわかに川が荒れて大鯉が舟に飛び込んできて、口から子のような形のものを吐き出して消え去った。内助が帰ってみると、生簀には巴はいなくなっていた。小田仁次郎が「鯉の巴」としてほとんど同内容の幻想篇を書いている。（『幻想小説大全』）

◎上田秋成[105]「夢応の鯉魚」（『雨月物語』より）一七七六

魚の絵をたくみに描いていた僧が琵琶湖のほとりを歩いていて水浴びをしたくなって、水にはいった。しかし人間の姿では水中で魚のように自由に泳ぐことはできない。そこで側の魚に魚になるわけにはいかないだろうかと言うと、魚の王にきいてこようとなり、魚の王がやってきて鯉に変えてくれた。その姿で湖のなかを遊びたわむれていたが、飢えにさいなまれ、つい、漁師の釣り針についた餌を食べて、漁師に釣り上げられてしまった。漁師はその魚をさる役人の館へもっていった。鯉はいよいよ包丁で料理されようとした。その間、どうやら僧は死んだようになって僧庵で寝ていたらしい。人々は死んだものと思ったが、肌にぬくもりがあるので、生き返るかもしれないと思って、そのままにしていた。そして三日目、蘇生した僧はこれこれしかじかと語った[106]。（中国の白話小説から）

◎泉鏡花[107]『海異記』一九一〇

『海異記』には、海中のあやかし火だの、アホイ、ホイと海中から呼ぶ声が聞こえたりする怪異が語られる。なにかわからないが、「赤目フグのはらわたさ、ひきずりだしてたたきつけたような、うようよとしたもの」「どす赤いんだの、うす蒼いんだの、にちにち舳の板にくっついているよう」なものが海へ落ちたりする。そんな海中の怪異である海坊主が海から上がってきたかのような黒ずくめの坊主が海辺の苫屋にのっそりとやってきて、「児を呉れい」という。亭主が漁に出たあと、幼い子供と留守を守る若妻が、恐怖のあまり抱きしめた幼子は気がつけば息絶えていた[108]。

和尚魚（寺島良安『和漢三才図会』1712年頃）

海坊主には二種があり、『斉諧俗談』という本では、「その形、鼈の身にして、人の面なり」とあり、「和尚魚」ともいうとある。江戸時代の百科事典『和漢三才図会』にも坊主頭が大亀の甲羅から出ている絵がある。溺死した僧の幽魂が海にとどまって亀に変じたものとも『物類称呼』にある。もうひとつはのっぺらぼうの黒坊主で、海中にぬっとあらわれて船を沈める。『本朝語園』では「海入道という者あり。長六、七尺ばかりありて、色黒く眼鼻手足もなくて、海の面にあらわる」とある。この海坊主があらわれて、柄杓をかせといわれたら、柄杓の底を抜いて渡さないと、どんどん船のなかに水を入れられるともいう。[109]

◎幸田露伴[110]『いさなとり』一九一一

若い時に平戸の沖の生月で鯨とりとなり、親父とまで呼ばれた男が、ふとしたことから妻と間男を殺して朝鮮に渡り、壱岐に戻って金を貯めて、故郷の伊豆の下田に帰り、貯めた金で田地田畑を買い、悠々自適の老後をすごしているが、昔はそもそもその下田で世話になっていた叔父の家から抜け駆けの伊勢参りをして飛び出し、京都で染物屋に丁稚奉公に入り、そこも飛び出して生月までいっていた。その波乱万丈の生涯を講談調で語る物語だが、鯨取の場面は中島顕治にいわせれば、「まさに圧巻」である。

◎幸田露伴『幻談』一九四一

日本の幻想文学の名篇。二日海釣りに出てすこしも釣れない。日も暮れたし帰ろうとすると、水中から竿がひょいひょいと出る。つかんでみると水死人がしっかりと持っている竿である。それをすこし無理してひきむしってきた。いい竿である。翌日、その竿を持って出るとその日ばかりはいくらでも釣れる。さて、その日も暮れて、帰ろうとすると、また水面に竿が飛び出している。こりゃいけないと前日の竿を投げ捨てて、南無阿弥陀仏と名号を唱えた。釣りに出てだったか、川遊びだったか、錨が死体にひっかかってにっちもさっちもいかなくなった話はモーパッサンの『水の上』である。どうも記憶が確かでなかったのでいま確かめてみると、川遊びでも釣りでもなく、どこかへ舟で仕事に行った帰りだったようだ。しかし水死人の出てくる雰囲気は露伴の作と似ている。

◎谷崎潤一郎[111]『人魚の嘆き』一九一七

世のありとあらゆる美酒と美女とに飽きた南京の貴公子が、旅の西洋人から人魚を買う。人魚は生まれ故郷の海へ放されることを願う。貴公子は香港から欧州航路の船に乗り、船が赤道を越えたころ、甲板から海蛇に姿を変じていた人魚を海中にすべらせる。

◎小林秀雄[112]『蛸の自殺』一九二二

蛸が自分の足を食って自殺するという。もっとも一週間くらいするとまた足が生えてくる。そしてまた自殺をする。「幻滅と苦笑―これが自分の生活を繋ぐ鎖のやうな気がした」。母親が病気で喀血をした。その前には父親を病気で亡くしていた。人生は苦しみに満ちている。それでいて、蛸の自殺のように、なにごともなく過ぎてゆく。

◎井伏鱒二[113]『山椒魚』一九二九

井伏鱒二の「名作」に『山椒魚』と『鯉』がある。いずれも結末を削る、削らないの議論があったが、どちらにしてもそれほどの「名作」とは思えないが、『山椒魚』の方は、高校の教科書に採用されて人口に膾炙したのであろう。小さな岩穴に入り込んだ山椒魚がしだいに大きくなって、穴から出られなくなり、同じ岩穴に閉じ込められた蛙と我慢比べをする話である。井伏鱒二は釣り道楽である。山間の渓流をすばやく泳ぐ魚を釣り上げる妙味に親しんでいたはずである。それが、窮屈な岩穴に閉じ込められた山椒魚や、下宿屋の小さな瓢箪池や、せいぜい大学のプールに入れられて逼塞している鯉をどんなつもりで描いたのだろうかと思う。人間の業を描いたなどともいうが、この二作に限ると、文章もそれほど達者ではなく、ユーモアも十分に効いているともいえない。だいたい教科書に採用されたために評判になった「教科書名作」というのは、どちらかというと問題がある作品や文章が多く、学生に頭をひねらせるところがなければならないものである。平明なわかりやすい文章で、淡々と叙述するようなものでは、設問がつくれないのである。

『山椒魚』には如拙の禅画、瓢箪鯰（一二四頁）を思わせるところがある。川の中州にいる風采の上がらない人物が瓢箪でナマズをとろうとしている絵で、ナマズの方が大きくて、とうてい瓢箪ではナマズはとれないように見えるが、意外に入ってしまえば、すっぽりとおさまるかもしれず、瓢箪の口をナマズの頭の方にもってゆくと、案外、するっと中へ入ってしまうかもしれない。ナマズの習性はわからないが、犬や猫が小さな段ボールの箱などに苦労して入り込んで嬉しそうにしていることがあるから、動物には閉所恐怖症より、子宮回帰願望のようなものの方が強いのかもしれないとも思われる。ここで瓢箪は子宮をあらわしている。

　ナマズは広々とした大海を泳ぎ回るより、案外小さな瓢箪のなかに入り込むことを好むものかもしれない。ナマズのことをフランス語ではポワソン・シャ、すなわち「猫魚」という。猫のような習性をもった魚ということかもしれない。であれば、小さな箱にもぐりこむ猫のように、小さな瓢箪にするりと入り込んで満ち足りた表情を浮かべるかもしれない。蛸壺のタコも同じようなもので、狭いくらいのものに好んで入るのではあるまいか。狭いところの方が敵から身を守るには安全なのだろう。

◎岡本かの子[114]『金魚繚乱』一九三七

　崖上の邸宅の令嬢にあこがれ、その令嬢を超えるほどの美しさの金魚をつくろうと志した金魚屋の青年は失敗を重ね、やがて老いていった。そしてある日、暴風雨が通り過ぎたあと、養魚地の被害を調べていた彼は池の中から悠然と浮かび上がってきた幻のような金魚を見た。「見よ池は青みどろで濃い水の色。そのまん中に繚乱として白紗よりもより膜性の、幾十筋の皺がなよなよと縺れつ縺れつゆらめきでた。ゆらめき窄みてはまた開く。」「その白牡丹のような白紗の鰭にはさらに菫、丹、藤、淡青等の色斑があり、さらに墨色古金色等の斑点も交じって万華鏡のような絢爛、波瀾を重畳させつつ驕艶に豪華に、また淑々として上品に、内気にあどけなくもゆらぎ拡ごり拡ごりゆらぎ、さらにまたゆらぎ拡ごり、どこか無限の遠方からその生を操られるような神秘な動き方をするのであった。」この世のものとは思えないような「美」の誕生を見て、「池の畔の泥濘のなかにへたへたとへたばった」男はそのまま死んでもよかった。

◎内田百閒[115]『鯉の子』

　いきもの好きな百閒は「阿呆の鳥飼」と自嘲して目白などを飼っていた。そのほかに鳴く虫も飼っていた。そして庭の池で鯉も飼っていた。その鯉について、池の真ん中に島があるので、鯉がいつも島の周りを一方向に回っていて、向きを変えることができない。そのうち、右だか左だかにからだが曲がってしまうのではないかと心配したりしていた。また最初のころはまとめて二十四、三十四と稚魚をいれて、次々にあがってしまって、いっせいに病気にかかってしまうのではないかと心配したりしていた。がそれもそのうち落ち着いて、旅先の旅館の池で鯉の子が沢山産まれて泳いでいるのを見て、「非常に可愛くて、いつ迄見ていても見飽きがしない」というまで、しばらく自分の家の鯉のことは忘れていた。旅から帰ってきて、池を見たが、それらしいものはなにもない。そこで、またしばらく忘れていたが、そのうち、その池でも子が産まれていた。「夢の様なさかなが沢山」いた。あまりに小さいので「心許ない様でもあり生意気の様でも」ある。あるとき大雨が降った。池の水があふれて、踏み石のところまで池になった。そのあと、日が出て、見ると、踏み石の上になにかいるようなので、かがんで見ると「可愛い鯉の子が三匹干からびてゐるのであつた。そこに上がつて遊んでゐる内に、水が無くなつて帰れなくなつたのだらう」。百閒には豊島与志雄を追悼した『黒い緋鯉』もある。

◎太宰治[116]『人魚の海』一九四四

松前藩のとある武士、浦々を巡察するあいだ、乗った船が突然揺れに揺れ、海は金色に光って、その波を分けて人魚が姿をあらわした。海が荒れる原因はこれにちがいないと、武士は弓をとって矢を放てば、人魚の肩にあたり、人魚は海底に沈み、波は収まった。藩に帰って巡察の報告方々、人魚の話をすると、なにをばかばかしい。人魚なんというものがこの世にあってたまるかとうそぶいた侍がいて、人魚を射た武士は人魚の亡骸とてさがしだして恥をそそがずばなるまいと再び旅に出たが、北の海であわれ溺れ死んでしまった。そのあとを追った娘が、父をあざわらった侍の家へ踏み込んで仇討ちをしたあと、人魚の死体が流れついて、仇を討ち、恥をそそいだという話。

◎太宰治『魚服記』一九四八

雪の降る日、スワは一人炭焼き小屋で留守番をしていた。父親は帰ってこなかった。何をするつもりかもわからず、外へ出て、滝の方へ歩いた。気がつくと滝壺のなかにいた。体はフナになっていた。前半ではヤマベを食べて水を飲みたくなって、はてしなく水を飲んでいるうちに大蛇になった男の話が紹介されていた。その話のあとで、スワは父親に「おめえ、なにしに生きでるば」と問い「くたばった方あ、いいんだに」と言っている。大蛇にでも、魚にでもなったほうがいい。生きていてもなんにもならない。

◎柴田哲孝[117]「継嗣の鐘」(『日本怪魚伝』より)二〇〇七

小河内ダムのあたりの話である。小河内村が水没する百年以上も前、天保年間のことである。将軍家では跡継ぎの少年の元服の祝いの準備にあけくれていた。祝いには四尺をこえる大鯉を供えるのが例である。しかし江戸じゅうをさがしてもそれほどの大鯉はみつからない。ただ一匹、小河内村の庄屋の家の池にそれがいた。庄屋の家では若将軍と同じ歳の少年がその鯉を鍾愛し、いつも鐘を鳴らして餌をやっていた。将軍家からの使いが鯉をとりにやってきた。その行列が村の中央を流れる丹波川を渡ろうとしたとき、あとを追った庄屋の息子がいつもの鐘を鳴らした。それをきいて、四尺の鯉が跳ねた。桶の蓋も跳ねとんだ。鯉は川に飛び込んで悠々と泳ぎ去った。そのあとしばらくして、鯉は庄屋の家の池に水路をたどって戻ってきた。その鯉がいまも奥多摩湖にいる。

◎吉村昭[118]『魚影の群れ』一九五五

津軽地方のマグロ一本釣り漁師の物語である。妻は娘をおいて家を出た。娘はマグロ漁師を志望している青年と一緒になろうとしている。青年は漁を覚えるために舟に乗せてくれと頼む。漁師は他人を同船させることに気がむかない。それ以上にその青年とは肌もあわず、一人娘をさらってゆくコソ泥のような感じさえもっている。それでも執拗に同船を頼まれ、ついに乗せることになる。そんなある日、大物がかかった。糸がものすごい勢いで手繰られてゆく。

その糸が青年の頭にからまった。しかし、いま糸を切るわけにはいかない。マグロを釣り上げたとき、青年は血まみれになっていた。傷が癒えたあと、青年は娘とともに和歌山へ漁の修行に出たという話を聞いたが、ほどなくして津軽に戻ってきて、舟を買い、ひとりで漁に出るようになった。魚はとれなかった。そしてある日、出漁したまま帰らなかった。近くの浜に漂着した漁船には白骨化した死体が乗っており、釣り糸は三メートル近い魚の白骨をひきずっていた。青年は巨大マグロとの死闘に敗れたのだ。彼にはそれほどの魚を釣り上げるだけの経験もなく、駆け引きも知らなかった。

◎吉村昭『鯨の絵巻』（『海の絵巻』改題）一九七八

太地の羽刺し（刃刺し）の家に生まれた君大夫は一番羽刺しの急死によって二十四歳で一番羽刺しになった。しかし太地の鯨漁業は世間の景気に左右され、網元もひっきりなしに変わった。そして網本の意向で対馬まで出稼ぎに行ったこともあった。そして網本は株式会社になった。そして羽刺しや鼻切のかわりに破裂砲の導入が図られた。時代が進展していた。日露戦争があった。やがて捕鯨船には息子の壽吉が乗るようになり、南氷洋捕鯨の時代になり、日米戦争が始まった。その戦争が終わろうとするころ、君大夫は息を引き取った。

◎戸川幸夫[119]『黒い背鰭』一九六〇

「勇者は席を譲らねばならぬ」。四十七頭のシャチの群れの指導者である「欠け鰭」は四十フィートの巨体をもって群れに君臨しながら、忍び寄る老いにひそかに怯えていた。イルカの群れを追撃した時、かたわらに並んで泳ぐ若ボスに、彼はライバルをみた。ここはひとつ思い切ったパフォーマンスをみせなければならない。イルカのリーダーが海面上に跳び上がったとき、彼も思い切った跳躍をした。イルカは彼の口のなかにいた。しかし、イルカをくわえて落ちたところからは水しぶきはあがらなかった。目測をあやまって、彼はジャリ浜の上に落ちていた。

◎神坂次郎[120]『餌』一九六一

灘兵衛は台風で息子と嫁を失った。忘れ形見の松と爺との二人暮らしである。今日も爺は海へ出た。松も一緒だった。しかし艫に立って小便をしている松をシュモクザメが咬んだ。爺は松の遺体を綱につけて海中へ放った。サメが食いついた。数時間の死闘のあげくサメを仕留めた爺は浜へ帰った。爺は包丁でサメの腹をさいて松の遺体を取り出した。人々のあいだに嘆声が上がった。

◎神坂次郎『黒鯨記』一九八九

関ケ原の戦いに翻弄された小四郎は熊野の九鬼一族を頼っていった。その途中、太地の浦で足をとめた。浦は貧しかった。小四郎は村人たちを説得して鯨をとる術を教えた。その第一歩は陣立てだった。一番舟から八番舟までといった陣立てで、一番舟には一番刃刺しが乗って船団の指揮をとる。鯨が弱ったら一番先に鯨にとりついた者が鼻切をする。鯨捕りに武士の兵法を取り入れ、組織化したのだ。それ以来、太地は鯨とりでにぎわった。しかし、それを藩が捨て置くはずはなかった。藩の役人が乗り込んできて、鯨一頭あたりの上納金を定めた。そして異論をとなえる小四郎はよそ者として放逐され、村を出外れるところで銛で刺されて死んだ。

◎宇能鴻一郎[121]『鯨神』一九六二

和田浦の鯨漁師たちは何年かに一度回遊してくる大鯨にさんざんいためつけられていた。とくにシャキは、祖父と父と兄を鯨神に殺されていた一番刃刺しの家の最後の生き残りだった。彼には鯨神と差し違えて死ぬ以外なにもなかった。彼は紀州から人を殺して流れてきた男と、どちらが先に鯨神に鼻綱をつけるかを争っていた。そしてついに鯨神がやってきた。紀州の男は鯨神が弱らないうちにその体にとりついて槍を突き立てたが、鯨神はその男を引きずって水中に没し、男は上がらなかった。次はシャキだった。上がってきた鯨神の背中に這い上ると、無我夢中でそこにとりついた。鯨はまたしても水中にもぐったが、シャキは鼻綱をつけることができた。あとはもうなにもわからなかった。気がつくと片手片足を失って人々に囲まれていた。彼は棺に入れて、浜に引き上げられた鯨神の頭の前に置いてくれるように頼んだ。夕日が赫々と鯨神とシャキを照らした。その光とともにシャキは彼に呼びかける鯨神の声を聞いた。「声にひかれ、いつかおれは自分が鯨神そのものに変身するのを感じる」、「たちまちおれはふりしきる極光のなか、まったくの静寂の海の寒さのうちをつきすすんでいる」。

◎安部公房[122]『人魚伝』一九六二

サルベージ会社の潜水夫が沈没船のなかで緑色の人魚に出会う。その人魚にとりつかれた男は、人魚を連れ帰り、浴槽に水を満たしてそこで飼うことにする。ところがそのうち奇妙なことが起こった。男が二人になっていたのだ。その分身をナイフでめった突にして殺すと、その粉々になった砕片から同じ人間が再生されてくる。結局、人魚から逃れられない男は人魚を殺してしまう。人魚は再生しなかった。

◎岡野薫子[123]『銀色ラッコのなみだ』一九六四

エスキモーの少年ピラーラは、あるとき銀色ラッコに出会った。ラッコはほどなく逃れたが、その出会いはどちらにも忘れられないものになった。エスキモー社会では毛皮が珍重されるラッコはとりつくされて、どこにもいないものと思われていた。ラッコの方でも人間に会うことはなかった。しかし幼い銀色ラッコは海の危険も人間の恐ろしさも知らなかった。しかしラッコの群れがいることを知ったエスキモーたちは、大規模なラッコ狩りを組織した。北の海は虐殺されるラッコの血で赤く染まった。ラッコの長も殺された。いまや若い銀色ラッコがラッコの群れの長である。彼はピラーラと目と目を見かわしたあと、ラッコの群れを安全な、より北の海へ導いてゆく。

◎近藤啓太郎[124]『海』一九六七

画家として行き詰まっていた「私」は東京郊外の家を売り払い、房総の鴨川に新天地を求めて移住する。しかし鴨川でもやはり絵は描けない。鬱屈した「私」を地元の若い漁師がイカ釣りに誘う。すると海の底からイカの群れが「沸いて」くる。その後もたびたび漁師の舟に乗せてもらって漁の手伝いをする。「私」が乗るとカツオでも大漁になる。ほかの漁師も争って「私」を舟に乗せようとする。彼をイカ釣りに誘った青年はその後、気のあわない女と一緒にさせられて鬱屈していたが、遠洋へ出てゆく船を見ているうちに、そうだ、「海」があったのだと思い立って、遠洋漁船に乗り込むことにする。「私」もそれを見てふっきれたように思う。

◎斎藤栄[125]『海獣』一九七六

一頭のシャチが東京湾に迷い込んできた。そして隅田川から東京湾へ出ようとしていた釣り船を襲った。釣り船はかたむいて、乗っていた少年が海へ落ちた。怪獣はその少年の片腕を喰いちぎって逃げた。その少年の父親が復讐の権化となってシャチを追う。手にはダイナマイトを持っている。もうひとりシャチを追う男がいた。釣り船に同船していた新聞記者で、世話になっている代議士を救うはずの写真をもっていた。それをそのシャチに呑み込まれていた。父親はシャチをみつけて爆破に成功した。しかしそれは鴨川シーワールドで飼われていた見世物のシャチだった。道理で人なれしていた。新聞記者のほうはうまく本物のシャチを手に入れて、胃から大事な写真を取り出していた。警察や海上保安庁の艦艇が総動員されているなかで、彼の極秘計画を遂行するには、偽のシャチを木更津の海に放って、犠牲者の父親に殺させる必要があったのだ。万事うまくいったかに見えたとき、シーワールドに警官が踏み込んできた。

◎田中光二[126]『大海神』一九七八

海洋牧場計画のメンバーの前にイルカの群れを蹴散らす巨大なサメがあらわれた。体長三十メートル、それは古代のメガロドンの生き残りと推定された。メガロドンはヨットをおそって乗員もろとも粉みじんにした。犠牲者のひとりの父親が復讐をちかい、捕鯨船を購入し、乗組員をつのって、メガロドンとの対決にのりだした。海洋牧場計画のメンバーの勇魚も志願してそれにのりくむ。鯨を撃っておとりとして曳航してゆくと、メガロドンは姿をあらわした。しかし彼は鯨だけでは満足しなかった。彼の本当の目標は捕鯨船だった。二回三回と巨大なからだが捕鯨船にぶつかる。船底にひびがはいった。最後は壮大なジャンプをして船尾に落下し、完全に捕鯨船をしずめた。勇魚はいきのこった。メガロドンは神だった。巨大な神マヌーだった。

◎田中光二『わたつみの魚の詩』一九九一

ヘミングウェイの『老人と海』を意識した作品。「年なし」と呼ばれる巨大なカジキを追っていた老漁夫がカジキにひっぱられて海へ落ちて死んだ。その敵討ちをするのだと、仲間の老人が執念を燃やす。その島に、トローリングのコンペティションがあって、そのなかにその島で育った青年も会社の社長のおともでまじっていた。社長はコンペティションの三日目、おそらく「年なし」とみられる大カジキをひっかけたが、仲間の仇討ちに執念を燃やす老人の小舟に邪魔されて取り逃がす。社長は埠頭におりてから、その老漁夫につめよるが、老人は、明日、どっちがその魚をとるか賭けをしようという。社長はその挑戦を受けた。そして老人の舟には、その老人の孫にあたる青年が乗った。そして、まさに「年なし」がかかった。カジキは逃げるかわりにボートにつっかかってきて、ボートを転覆させた。そして水中に投げ出された老人と青年につきかかってくる。そこへ、巨大サメがあらわれてカジキをくわえて去っていった。そのサメは先に「年なし」によって溺れさせられた老漁夫の魂の宿ったサメだという。[127] 老人と青年は社長のボートに救助された。

◎津本陽[128]『深重の海』一九七八

太地の刃刺しの息子孫才次は、一番舟に乗って鼻切をして、一人前の刃刺しになる。がそのころから網本の資金繰りがむずかしくなり、いくども金主を変わったが、事態は一向に改善されなかった。そんなあるとき、子連れの大きな鯨があらわれ、鼻切もしたが、そのころから天候がにわかにくずれ時ならぬ時化になった。せっかくとった鯨も綱を切って放し、舟同士綱で結わえたが荒海で綱も切られ、船団はばらばらになった。そして孫才次の乗った船は神津島に漂着した。なんとか太地に戻ったがもうそこでは働くことも暮らしてゆくこともできなかった。ルソン、メキシコ、アメリカと流れて、出稼ぎをしながらアメリカ式の捕鯨銃を工夫して作り上げて、太地に戻った。そして鯨を追って海へ出たが、彼の捕鯨銃は暴発して、孫才次を粉砕した。

◎北村けんじ[129]『まぼろしの巨鯨シマ』一九八八

カイズの親父はシマという巨鯨によって海にたたきこまれて死んだ。母は病に伏している。家にはもう食べるものは何もない。同じみなしごのデンとともに長者の家の蔵にしのびこんで、捕まった。五日目、沖合にあらわれたシマを討つために牢を出された。沖ではシマが待っていた。銛が打たれ、剣も刺された。カイズは背中を押されて海へ飛び込んだ。そして鯨にとりついた。鯨はそのまま海中にもぐった。カイズは一瞬気を失うが、鯨が浮き上がったときは気をとりなおして息を大きく吸い込んだ。しかし、気を失っていたあいだに彼は幻を見ていた。母親の幻だった。そして、いま彼は鯨の鼻を切ろうとしている。鯨は彼のものだ。しかし、と思う。ここで鯨を仕留めても、長者が喜ぶだけだ。自分のものにはならない。彼は、鯨に刺さっていた銛のつなを切って鯨を逃がした。そして鯨の背にまたがっていずくともなく去っていった。[130]

◎大城立裕[131]『神の魚』一九八九

西表にはグザ捕りという伝統行事があった。グザはブダイの仲間で初夏の決まった日に祖納の人だけが、神を祀って捕る。「神憑りのような」捕り方をする。その行事を復活させようという話になって主人公の青年がとりまとめに走る。と同時に東京の土地会社が土地の買い占めにきている。グザ捕りが成功すれば、西表の伝統が守られる。土地も東京の資本に買い占められずに済む。しかし、女人禁制の祭りの日、崖の上からグザ捕りの様子を見守る男女がいた。グザ捕りは失敗した。来年こそというが、そのころは祖納の土地はあらかた東京の資本に買い占められているだろう。神意は凶と出たのである。

◎C・W・ニコル[132]『勇魚』一九九二

太地の刃刺しの甚助は鯨と格闘していたとき、血の匂いをかいでやってきたサメに左腕を喰われた。太地の伝統漁法では片腕では働けない。おりしも通りかかった幕府の隠密に拾われ、その下働きになるが、薩摩藩の役人につかまって海へ放り込まれ、アメリカ船に拾われる。それから彼の数奇な人生が始まる。甚助はジムという名になって世界の海を経巡って片腕で鯨を捕ってゆく。[133]

◎小菅太雄[134]「さすらいの海」(『五郎の海』より)一九九六

五郎は幼い娘と妻とに別れていた。その娘の夢を見た。ちょうど漁期の終わった時期で、例年、漁師たちは一か月の休みに入る。五郎は娘の幻を追って車に乗ってあてのない旅に出た。そして漁港のガソリンスタンドのわきに彼の娘に似た幼い娘がいるのを見た。ちょうどその娘の家が民宿をやっていて、ひとつその漁港の様子を見てみようとして、その民宿に泊まった。民宿の前には漁船が引き上げてあった。その漁船にも目をひかれた。民宿の親父はその舟に乗っていた漁師だったが、いまは漁師もやめていた。しかし、五郎と話をかわすうちに、五郎が一緒に乗ってくれるなら。船を整備してもういちど海に出たいと思うようになった。五郎も乗ってみたいと思いはじめる。乗ってみるとカジキがどんどんとれた。一か月のつもりの予定の日も近づいた。そこの沖には「マダラ」と呼ばれる巨大なカジキがいて、人々を狂わせていた。失踪していた民宿の若主人もその犠牲者だった。五郎は最後の日にその「マダラ」を追った。最後の瞬間に船頭は「撃て」といって、その若主人の名前を叫んでいた。

◎川上弘美[135]「海馬」(『竜宮』より)二〇〇二

私は海から出て何度も男を変えた。最後の男に頼んだ。海へ連れてって。私はそのまま海へ入った。だんだんと馬らしくなってきた。沖へ向かっていっさんに走った。四人目の子供が北の海に漂っていた。

◎田島伸二[136]『大亀ガウディの海』二〇〇五

水族館にいる亀のガウディは海を懐かしんでノイローゼになっている。仲間の魚がアドヴァイスをする。病気になったふりをすれば、きっと海へ返してくれる。亀は病気になったふりをする。事実病気だったのである。作戦は成功し、亀は海に戻される。しかしそれはなんという海だったろう。ゴミや重油の浮いている海で、水はどろどろで息もできないくらいだ。海底には死んだ貝の殻が山積している。南の島へ行けばなんとかなると思った亀は必死に南を目指す。しかしそこでは核実験の用意がされていた。海底におろされた核爆弾を発火させる電線を噛み切ればみんな救われるかもしれない。亀は電線を噛み切って、感電死する。

◎千早茜[137]『魚神』二〇〇九

その島はそれひとつで大きな遊郭だった。そこには巨大な雷魚の伝説があった。雷魚はたぐいまれな美女白亜に惚れた。島を大洪水と火災で滅ぼすように天帝から命令を受けたが、白亜だけは救いたかった。雨が降り続いた。人々は白亜のせいだとして、彼女を縛って水に投じた。しかし雷魚がそれを救った。白亜は地上の楽園にたどりついた。島も水没をまぬかれ、遊郭も再開された。それからどれだけの時が経ったのか。白亜という伝説と同じ名の少女が拾われてきた。同時にスケキヨという超能力をもった少年も拾われた。彼らは姉弟だったのか、赤の他人だったのか、それを告げるものはなにもない。少女は成人し、遊郭で客をとるようになった。スケキヨも陰間として売られた。白亜は売れっ子の娼妓となった。スケキヨは遊郭のすべてを滅ぼそうとしていた。大混乱のなかで白亜は遊郭に火をつけ、手首をきって自殺をはかった。しかし、昔の白亜と同じく、彼女は奇跡的に救われて、楽園についた夢を見た。そこには懐かしい気配があった。「それはあの偉大な雷魚の気配だった。」「白亜がどこへ行こうとも、水を通じて雷魚の魚は側にずっといたのだった。」気がつくとそこにはスケキヨがいた。

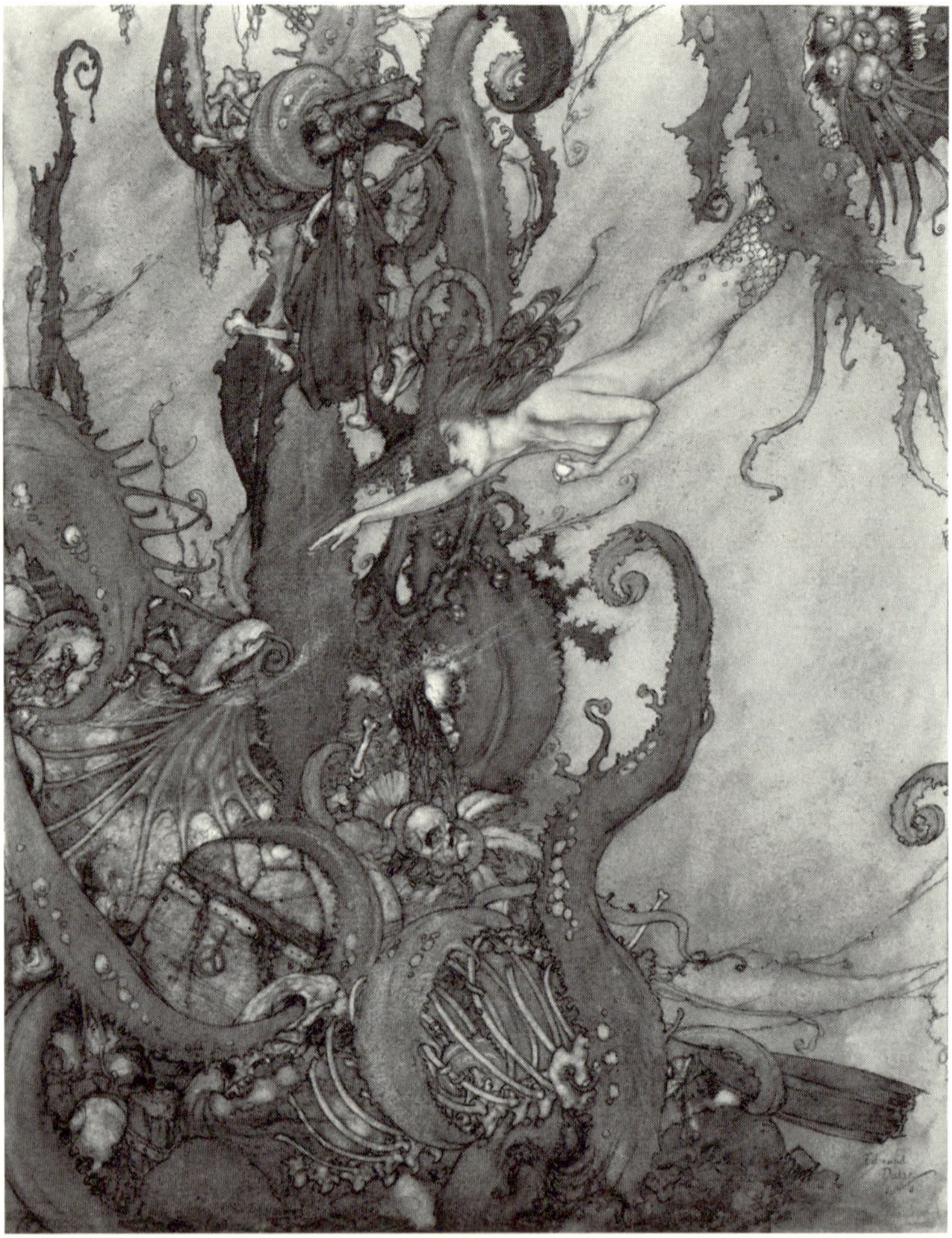

人魚姫
（エドマンド・デュラック画）

アンデルセンの『人魚姫』は地上の王子に恋い焦がれた人魚の話。しかし王子は隣の国の王女と結婚する。王子に捨てられれば、人魚は海の泡にならなければならない。しかし魔女がくれたナイフで、王子の心臓を刺せば、もとの人魚の姿に戻れる。人魚はナイフを手にして寝ている王子の上にかがみこむ。でもどうして王子を殺すなんてことができるだろう。人魚はナイフを遠くの海の中に投げ捨てる。最後は空気の精になって空中にのぼってゆく。

二、世界の文学

ヨーロッパの肉食文化のなかで、魚をよく食べるのはギリシャであり、スペインであり、北欧諸国である。それらの国に魚の文学があるのは当然だろうが、我が国には紹介されることが少ない。あえていえばアンデルセンの『人魚姫』だろうか。あとは英米の作品がおもになった。アジア・アフリカも台湾から一編を拾っただけとなったのは残念である。

◎ハーマン・メルヴィル[138]『白鯨』一八五一

語り手イシュメイルは、白マッコウ鯨と戦って、沈没した捕鯨船のただひとりの生き残り。この鯨モヴィ・ディックを積年の宿敵として追ってきたエイハブ船長もその他の船員も海のもくずとなる。この物語は同時に鯨について、捕鯨について、思索を巡らせる。鯨との死闘の場面はほんのわずかである。たとえば、三十二章は「鯨学」と銘打ち、マッコウ鯨からはじまって、セミ鯨、イワシ鯨、ザトウ鯨、ナガス鯨からイルカまで詳しく説明している。次の三十三章は「銛手頭」と題して「銛手の天職」について述べる。そのあとは「後甲板」など捕鯨船の構造について述べる。しかし最終章に近づくにつれて「追跡」がはじまる。その最初は「澄み切った鋼のような青さの日だった。(……)ただ憂わし気な空は、透き通って物柔らかに、女の温容を思わせ、それに対して、たくましく雄々しい海は、ねむっているサムソンの胸のように、長く強くゆったりと波打っていた」。そして最後の果し合いがやってくる。「海のおおきな屍衣は、五千年前にうねったと同じようにうねった」。「劇は終わった。」

◎アーネスト・ヘミングウェイ[139]『老人と海』一九五二

「かれは年をとっていた」というので、具体的に何歳だったかはわからない。八十歳くらいだろうか。作者がこれを書いたのは五十二歳のころである。十年後に自殺している。自身、老いを感じていただろうが、この物語の主人公ほどではない。「かれは年をとっていた」。海へ出て八十四日間、なにもとれなかった。八十五日目、今日こそはとってやるという意気込みで船を出した。かなり沖へ出て綱をたらした。まもなく手ごたえがあった。しかしそれからが長かった。魚はいつまでたっても弱らない。船より大きい巨大魚である。三日かかって釣り上げた。しかし、船に引き上げることはできない。舷側にゆわえつけて船を走らせた。そこへサメが襲ってくる。銛やナイフで防戦する。しかし次から次にサメが襲ってくる。そして銛もナイフもとられてしまう。あとは舵棒で戦うだけだ。しかし、彼は負けない。サメを何匹たたき殺したかしれない。船は四日目の夜、港へ帰ってくる。魚は骨だけになっていた。はたして彼はもういちど船に乗るだろうか。船も体もがたがたになってしまった。しかし、老人は死ぬまで海に出るだろう。この本の旧訳ではドルフィンを「イルカ」と訳しているが、シイラ、あるいはドラドであると内田恵太郎が指摘している(新訳ではシイラになっている)。

◎レイチェル・カーソン[140]『海辺』一九五五

「海辺の生き物たち」について、岩礁、砂浜、サンゴ礁などの観察記録が語られる。砂浜では「四月の晴れた日に砂浜をあるけば、あちこちに穴があいているのを見られるだろう。そしてしばらく見ていると、つやのある春の装いをまとったスナガニが入口に現れ、ためらいがちに春の日差しのなかに腕をかざす。もしまだ寒気が残っていれば、かれらはすぐにまた入口を塞いでしまうが、季節が進むにつれ、浜ではいたるところの砂の下でカニたちが眠りから覚めはじめるのである。」岩礁にはフジツボがいる。「潮が引いているときの、フジツボに覆われた岩は、何百万もの小さな尖った円錐状の彫刻がほどこされている庭園の石のようだ。(……)満ち潮の最初のさざ波が、岩の領域に生命をもたらす。くるぶしの深さまで水に入り近くでよく観察すれば、水に沈んだ岩のいたるところで小さな影が揺らいでいるのが見られるだろう。」サンゴ礁にも生命がいきづいている。「月の光が銀色に砕け散るはるかな沖合から海辺へと潮は流れ、生命の鼓動をサンゴ礁に伝えてくる。

何十億という数のサンゴ礁の動物は、生きるために必要なものを海から吸い取り、撓脚類や巻貝の幼生、小さなゴカイなどをすばやく代謝して自分の身体の組織に変えていく。こうしてサンゴは成長し、繁殖し、出芽し、その一つ一つが石灰質の小部屋を拵えてサンゴ礁の骨格を築き上げてゆくのである。

◎アーサー・C・クラーク[141]『海底牧場』一九五七

事故で引退した宇宙航空士が、鯨を放牧している海底牧場へ配属されてきた。まもなく彼は地上勤務になったがおりしも海底爆発に巻き込まれた潜水艇を救出する作戦で、ふたたび海にもぐる。作戦は成功した。しかし彼は仏教の導師との会話から、海洋牧場の未来について上層部と意見を異にしはじめていた。牧場を食肉供給工場ではなく、鯨乳生産牧場に転換する可能性を考えはじめていたのだ。

◎アーサー・C・クラーク『イルカの島』一九六三

オーストラリア方面へ向かうホバークラフトに潜入した少年は、オーストラリアの近海で沈没した船から脱出して海上を漂ううちにイルカたちに助けられて、「イルカの島」に送り届けられる。気がつくと白く塗られた明るい診療所のベッドに寝かされている。やがて日焼けが治ると、研究所に案内された。その島唯一の研究所で、イルカと人間のコミュニケーションの研究をしている。少年はそこで、教授たちの手伝いをするようになった。彼にはイルカたちがすぐになついた。もともとそんな特異な性質があったのかもしれない。そしてある日猛烈なハリケーンがやってきて、島が壊滅的な被害を受け、電信も電気も切れてしまい、教授が肺の疾患で危険な状態に陥った時、少年は親しいイルカを呼んで、ブリスベーンまでサーフボードを引いていってもらう。急報を受けて赤十字の飛行機が島へ向けて飛び立つ。少年はずっと島で暮らすだろう。

イルカとコミュニケーションをとる話ではロベール・メルルに『イルカの日』があり、ジャック・マイヨールに『イルカと、海へ還る日』がある。

◎ジュール・ミシュレ[142]『海』一八六一

歴史家のミシュレは「鳥」「虫」などの博物誌のほかに「山」につき、そして「海」について思索をかさねた。

海の第一印象は恐怖だ。深海は暗黒の死の世界である。次には人に畏怖の念を抱かせる。遠くから海鳴りが聞こえる。なにか崇高なものが海鳴りには秘められている。第三には魅惑である。さまざまな魚がいる。磯には蟹がはい、砂浜には美しい貝がちらばる。海の水はたえず動いている。動物の循環する血液にもたとえられる海流がある。それが航海を助け、魚の回遊を可能にする。そして海には干満がある。ミシュレは「脈動」という。そしてまた嵐のときは荒れ狂い、当時の木造船を木っ端みじんに砕いてしまう。まさにこの本を執筆していたころ、一八五九年十月に壮絶な嵐を経験した。はじめは美しい夕暮れだった。夜になってすさまじい風が起こった。翌朝、あらゆる海岸に難破船が打ち上げられてあわれな残骸をさらしていた。海は怪物である。海はまた豊穣の宝庫である。ミシュレは鯨について、人魚について、海水浴について語る。しかしたとえば、仲間を失って泣く鯨の悲哀のように、そこには悲しみがつきまとう。海の豊かさ、荘厳な美しさ、砂浜のやさしさは死を秘めている。

◎ジェームズ・V・マーシャル[143]『金色のアザラシ』一九六二

ジムは人嫌いの一匹オオカミの漁師だった。美人の女房のタニアとともに、無人島にくらしてアザラシをとっていた。ある嵐の晩、一人の男が助けを求めて小屋の戸をたたいた。ジムとタニアは行方不明になった息子が心配だった。息子は遠く離れた物置小屋に避難していた。小屋のなかには同じように嵐をさけた獣がいた。ジムが追い求めている金色のアザラシだった。その皮を売れば二千ドルになる。しかし少年とアザラシは意思を通じ合い、友情で結ばれた。翌朝、嵐が静まったあと、さがしに出た両親と出会った少年は父親に金色のアザラシを撃たないように頼む。しかし、その秘密は前夜やってきた男に知られていた。その男も金色のアザラシを狙っていた。そして、夜がふけてから男は金色のアザラシに忍び寄っていった。その背後からヒグマが近づいていた。最後の瞬間に気がついた男はヒグマを撃ったが、ヒグマの前足も男をたたいていた。男もヒグマも死ぬ。

◎ディビッド・V・レディック[144]『湖の女王マ・キイ』一九六二

カワカマス科の雌のマスケランジの一生を描く。卵が受精するところから始まるが、幼魚のところはあっという間にすぎて、成魚になり、やがて体長一五四センチ体重三十七キロの巨魚になる。幾度も釣り上げられる危険をくぐりぬけ、湖の女王として君臨していたが、最後は少年たちに釣り上げられてしまう。雄との出会いや産卵は描かれない。また年を取って老いたみじめな姿もない。女王のままで死んだのである。

◎ジャン・ケロール[145]『海の物語』一九七三

「一つの砂漠の物語」「森の物語」「牧場の物語」などを書いた作者の幻想譚。十歳の少女ジェラルディーヌは両親とともにインドへむかう飛行機に乗って、遭難した。気がつくと砂浜に打ち上げられていた。そこへ亀がやってきて海の女王ブラック・クイーンの島へ連れてゆく。水中には魚や海藻やイソギンチャクやサンゴなどの妖精劇の世界が展開する。「月の魚」と呼ばれるマンボウも登場する。アンコウもいる。鮭もいる。ブラック・クイーンは意地悪な年増女だったが、次に出会った「海の大老」は、怒りっぽい老人で、鯨のようなネレイデスに一蹴されて姿を消す。ネレイデスは彼女を「マンマ・ディ・ロー」、この世でもっとも大きな水滴のところへ連れて行く。しかし、あまりに次々にいろいろなものがやってくるので少女はへとへとに疲れ果ててしまう。そして、闇に包まれて、夢を見る。夢のなかで、彼女はインド航空の飛行機に乗っていた。飛行機は翼を失って落ちようとしていた。気がつくと地獄へ渡るわたし舟の上にいた。さらにまた少女は夢を見た。きれぎれの脈絡のない夢だった。両親が水の底までプレゼントを持ってやってくる夢だった。気がつくと、彼女はまた海底でタコやヒトデやウニや小エビに囲まれていた。より深い海底へもぐると大蛇がいた。海面に戻るとそこにはヨナを呑み込んだ鯨がいた。イルカやアザラシにも会った。伝説の人魚「海の司教」もいた。オデュッセウスにも出会った。重油におおわれた海も見た。沈没した潜水艦もあった。そして最後に気がつくとゴムボートに乗っていた。

◎ピーター・ベンチリー[146]『ジョーズ』一九七四

原作は映画とはいくつかの点で異なっているが、巨大サメが海水浴客を襲うのは同じである。また、最後は警察署長たちの乗り込んだサメ取船をサメが襲って沈没させる。ただし、映画ではサメは銃撃されて仕留められるが、原作では銛を打たれ、海底へ消える。

◎コリン・シール[147]『蒼いひれ』一九八一

マグロ漁船の船長の息子はなにをやってもへまばかりする不器用な子供だった。いちど親父の船に乗せられたときは、舷側から海へ落ちてしまった。そして二度目、今度こそと思って乗ったときは、幸運に恵まれて、大きなマグロが山ほどとれたが、乗組員一同、釣りに夢中になっているあいだに、竜巻が接近しているのに気がつかなかった。あっというまに船は竜巻に巻き上げられ、船員は三人吹き飛ばされてしまった。少年も気を失って倒れていたが、気がつくと、船長が倒れており、装備もすべて吹き飛んでいた。少年はまず船長をベッドに運んだが、船長は足を折っていて歩けなかった。エンジンは止まっている。電気はつかない。船室には水があふれている。船は漂流していた。しかし、船内の水は手押しポンプでなんとか排水し、エンジンに燃料を送るパイプが折れたのも、どうにか修復し、エンジンを動かすことができた。漂流五日目に船は港へ入った。舵を取っているのは少年だった。

◎ゲイル・ハーマン[148]『ファインディング・ニモ』(小説版)二〇〇三

原作はディズニーとピクサーの共同制作になるアニメ映画。オーストラリア沖合のグレート・バリアリーフとシドニーを舞台に展開。カクレクマノミの親子の冒険譚。生まれたばかりの小魚が網ですくわれてシドニーの歯科医の家の水槽に運ばれる。父親は、その子、ニモをさがして、サメに食われそうになったり、クラゲの大群に囲まれたりしながら、友人のドリーとともになんとかシドニーまでやってくる。ニモは歯科医の口すすぎの排水溝から脱出、海へ出て父親と再会する。魚の世界では親子の情愛はふつう認められないが、ここでは魚の学校があったり、魚を食べない誓いをたてたサメがいたり、と、擬人化されている。

◎シャマン・ラポガン[149]『空の目』二〇一四

台湾の原住民タオ族の漁師で蘭嶼島に住むシャプン・ウマラムの生涯と、沖合に棲みつく幻の巨魚ロウニンアジの物語を交錯させながら物語る。主人公はとある晩、その巨魚をほとんど釣り上げそうになった。「長くのびた釣り糸がまたひっぱられたとき、まるで巨大な渦巻きに吸い込まれてゆくようだった。（……）神経を集中し、目を大きく見開いた。神経がピーンと張り、筋肉は戦いの準備を整えた。心臓の高鳴りは、浮き沈みする波の千倍にも達した」。巨大魚は孫の世代の子供たちが釣り上げた。その口に刺さっていた釣り針をもらい、孫の手をひいて、夜が明けそめ、「空の目の明かり」がさしそめるころ、主人公は家に帰ってくる。

三、魚の短歌

白砂に穴掘る小蟹ささ走り千鳥も走り秋の風吹く

若山牧水

蟹は己の形にあわせて穴を掘る。なぎさには千鳥の足跡が続く。海水浴客の去ったあとのさびしい海岸に自然のいとなみが戻ってくる。

濃き青の四月の末の海に浮く水母の如く愁白かり

与謝野鉄幹

青い四月の海に浮く白いクラゲを見るには舟で沖へ出ない

とむずかしい。砂浜に打ち上げられたクラゲでは青い海水に浮く様子は想像できない。

神田川のにごりの底を進みゆく
　緋鯉の群れの数かぎりなく　　大島史洋

神田川は井の頭公園から御茶ノ水近辺を通って墨田川へ流れるが、一時、鯉が放流されていたのだろう。いまでも津和野といった古い町では民家の塀の脇を流れる疎水に鯉が泳いでいるが、現在の神田川にその情緒を求めるのは無理だろう。

放たれて河に入りたる鮭の子は
　岸辺にながくあそぶことなし　　斎藤史

鮭は回遊魚である。放魚されても、すぐに北の海へ去り、翌年の産卵期にならなければ、戻ってこない。メダカや鯉の稚魚を放流した時とは様子がちがって当然である。

もの音は樹木の耳に蔵はれて
　月よみの渓をのぼるさかなよ　　前登志夫

静寂の森のなか、月光に照らされた谷川を魚が遡ってゆく。その魚影を岸から見るだけで、音ひとつしない。魚はものいわず、ふつうは水音を立てることもない。

松浦川川の瀬光り鮎釣ると
　立たせる妹が裳の裾濡れぬ　　大伴家持

家持のころでも、農作業などをするには裾の短い衣装を着ていた。長い裾の宮廷衣のまま川岸に立てば、裾が濡れるのはあたりまえだろうが、男ばかりがするように思われる鮎釣りも神功皇后のころより、女性がすることもあったようである。

石麻呂に我れ物申す夏痩せに
　よしといふものぞ鰻捕り食せ　　大伴家持

丑の日のウナギ食いは江戸時代に始まったと思われているが、家持のころから夏痩せにいいといわれていたようである。ただ、取ってくるのは舎人か漁師かで、宮廷人みずから沼に入ってもウナギがとれるわけではなかった。

霞しく波の初花折りかけて
　桜鯛釣る沖の海人舟　　西行

殺生の罪深さを歌った歌（平野多恵）。

時によりすぐれば民のなげきなり
　八大竜王雨やめたまへ　　実朝

アーナンダ、ウパナンダ、サガーラほか八大竜王をまとめて祀って水乞いをするが、雨が降り過ぎたときは過ぎたるはなおおよばざるがごとし。

金華山沖にしるけき潮すじを
　いるか群れ飛ぶ夕焼けの海　　宇田道隆

黒潮に乗って回遊してきたイルカが群れ飛ぶ光景はいつごろまで見られたものだろうか。

東海の小島の磯の白砂に
　われ泣きぬれて蟹とたはむる　　石川啄木

東海の小島はどこであるかわからない。函館あたりともいうが、語感からすれば、遠流の地である。都ではない。大都会の喧騒からは遠い。立身出世からも遠い僻遠の地である。そこで、蟹とたわむれるよりほかにすることのない、頼りない己の身の上を思って泣く。

四、魚の俳句

十六夜やくじら来そめし熊野浦　　蕪村

太地付近に鯨が姿を見せていたのはもう昔のことになった。五島や土佐でも鯨を浜から見ることは必ずしも不可能ではなかったが、いまは昔のことである。

ほのぼのと明石が浦のなまこ哉　　一茶

ほのぼのとあかしの浦の朝霧に島隠れゆく舟をとぞおもう（よみひとしらず）から。

おもしろうてやがてかなしき鵜舟かな　　芭蕉

花火のように夜を彩る火の饗宴が終わるとそのあとの闇に寂寥が身にしむという感情と、鵜飼の最中でも、綱に引き寄

せられて、呑んだ魚をはきださせられる鵜に哀れを感じる心のふたつがないまざる。

一群の鮎目を過ぎぬ水の色　　正岡子規

水には色はない。しかし、一群の鮎が通り過ぎていったあとには、その鮎の背の色が移っているようである。

蛸壺やはかなき夢を夏の月　　芭蕉

四月、須磨に泊まって、明石の夏の夢を結んだ。蛸壺にはいこんで短夜の夢を見るタコのように、旅寝の慌ただしさにはかない夢を見た。

藻にすだく白魚やとらば消えぬべき　　芭蕉

手にとれば消えてしまいそうな、はかない白魚が群れをなして泳いでいる。透き通った白魚のからだで、見えるのは目

ばかりである。

潮干よりいま帰りたる隣かな　　子規

潮干狩りから帰ってきた隣家から、興奮した話声が聞こえ、磯の香がするようである。

面白や馬刀の居る穴、居らぬ穴　　子規

マテ貝を掘る。穴の底にいると思っても空振りになったり、当たったり。

まな板に鱗ちりしく桜鯛　　子規

真魚板で魚をおろすのが本来の用途であったろう。鱗をはがして流すのが、これまた本来の「流し」でもあったろう。桜色の鱗が散り敷いたまな板は、桜の花の散り敷く春の風景にまさにふさわしい。

鯛網や　浜街道は山に入り　　百閒

喀血をして、何事もなく治ったお礼に西国巡礼の真似事をしたときの句。鯛網をひく浜辺の情景につい足をとめていたが、街道はやがて浜を離れてゆく。次の巡礼地まで急がねばならない。

滾々と水わきいでぬ海鼠切る　　百閒

ナマコを切ると水が噴き出る。まさに生きているのである。それを憐れとは思わない。

目には青葉山ほととぎす初ガツオ　　山口素堂

ホトトギスの句か、初ガツオの句か、判断に迷うところだが、カツオの「たたき」は初夏の味覚だろう。これは生食禁止の令をかいくぐる苦肉の策であったという（『北の魚博物誌』）。

五、魚の詩

◎金子光晴[150]『おつとせい』（抄）

ただひとり
反対をむいてすましてるやつ、
おいら。
おつとせいのきらいなおつとせい。
だが、やつぱりおつとせいはおつとせいで
ただ
「むかうむきになつてる
おつとせい」

◎金子光晴『鮫』（抄）

海のうはつつらで鮫が
ごろりごろりと転がつてゐる
俺をだまし、俺を錯乱させ、まどはす海。

だが。俺はしつてゐる。ふざけてはこまります。海をほのじろくして浮き上つてくるもの。奈落だ。正体は鮫のやつだ。
鮫は、ほそい菱形の鼻の孔で、
俺のからだをそつと物色する。

奴らは一斉にいふ。
友情だ。平和だ。社会愛だ。
奴らはそして縦陣をつくる。それは法律だ。与論だ。人間価値だ。

友情だ、平和だとお題目のようにとなえる鮫人間たち。かれらは死骸をくって腹いっぱいになっている。そして「俺」をつついても食おうとはしない。毒だからか？　いや、食うに値しないからだ。「ごろりごろり」とする鮫にまで馬鹿にされる無為徒食の「俺」、せめて鮫のやつをなぐりつけるなり、切り刻むなりしてみればどうなのか。彼にはそれだけの意気地がない。なにもできずにあおぶくれて浮いている漂流死体。

◎萩原朔太郎[151]『死なない蛸』

或る水族館の水槽で、ひさしい間、飢ゑた蛸が飼はれてゐた。地下の薄暗い岩の影で、青ざめた玻璃天井の光線が、いつも悲しげに漂つてゐた。

だれも人人は、その薄暗い水槽を忘れてゐた。もう久しい以前に、蛸は死んだと思はれてゐた。そして腐つた海水だけが、埃つぽい日ざしの中で、いつも硝子窓の槽にたまつてゐた。

けれども動物は死ななかつた。蛸は岩影にかくれて居たのだ。そして彼が目を覺した時、不幸な、忘れられた槽の中で、幾日も幾日も、おそろしい飢饉を忍ばねばならなかつた。どこにも餌食がなく、食物が全く盡きてしまつた時、彼は自分の足をもいで食つた。まづその一本を。それから次の一本を。それから、最後に、それがすつかりおしまひになつた時、今度は胴を裏がへして、内臓の一部を食ひはじめた。少しづつ他の一部から一部へと。順順に。

かくして蛸は、彼の身體全體を食ひつくしてしまつた。外皮から、脳髄から、胃袋から。どこもかしこも、すべて殘る隈なく。完全に。

或る朝、ふと番人がそこに來た時、水槽の中は空つぽになつてゐた。曇つた埃つぽい硝子の中で、藍色の透き通つた潮水と、なよなよした海草とが動いてゐた。そしてどこの岩の隅隅にも、もはや生物の姿は見えなかつた。蛸は實際に、すつかり消滅してしまつたのである。

けれども蛸は死ななかつた。彼が消えてしまつた後ですらも、尚ほ且つ永遠にそこに生きてゐた。古ぼけた、空つぽの、忘れられた水族館の槽の中で。永遠に——おそらくは幾世紀の間を通じて——或る物すごい缺乏と不滿をもつた、人の目に見えない動物が生きて居た。

タコは空腹になると自分の腕を食うという伝説は事実ではないという。もちろんここには「事実」はかけらもない。なんにもなくなった水槽に「蛸」という表示だけがあり、実態は裏返しにされ、食い尽くされたのである。しかし空っぽの水槽の空っぽの蛸、ラベルだけの蛸、世界とはそんなものかもしれない。うわべだけのイメージ、あるいはラベルだけの観念。

◎白楽天『點額魚』

龍門點額意如何　りゅうもん　てんがくのい　いかん
紅尾青鬐却返初　こうびせいき　きゃくへんのはじめ
見説在天行雨苦　いうならく　てんにあって
　あめをおこなうのくるしみ
為龍未必勝為魚　りゅうとなるは　かならずしも
　ぎょとなるにまさらず

龍門の急流を上りきれず、額を石に打ちあてて、むざむざと尾鰭を垂れて返る魚の気持ちは、いかがなものであろうか。

◎シューベルト　歌曲『鱒』一八一七

In einem Bächlein helle,
Da schoß in froher Eil
Die launische Forelle
Vorüber wie ein Pfeil.

Ich stand an dem Gestade
Und sah in süßer Ruh
Des muntern Fischleins Bade
Im klaren Bächlein zu.

澄んだ小川で泳ぎゆく鱒《ます》
力強く矢のように過ぎていく
私は岸辺でくつろぎながら
元気な魚を眺めてた

Ein Fischer mit der Rute
Wohl an dem Ufer stand,
Und sah's mit kaltem Blute,
Wie sich das Fischlein wand.
So lang dem Wasser Helle,
So dacht ich, nicht gebricht,
So fängt er die Forelle
Mit seiner Angel nicht.

釣竿かついだ漁師が一人
魚の動きをじっくり見てる
こんなに澄んでる川の中では
針に魚はかかるまい

Doch endlich ward dem Diebe
Die Zeit zu lang. Er macht
Das Bächlein tückisch trübe,
Und eh ich es gedacht,
So zuckte seine Rute,
Das Fischlein zappelt dran,
Und ich mit regem Blute
Sah die Betrogene an.

しびれを切らした釣り人は
小川を掻き混ぜ　にごらせた
すると釣竿ぴくりと動き
罠にかかった哀れな鱒は
釣られて陸で跳ね回る

ドイツの詩人シューバルト（Christian Schubart, 1739-91）の詩に曲をつけたもの。

六、魚の民謡・童謡

◎ソーラン節

ヤーレン　ソーランソーランソーラン
ソーランソーラン（ハイハイ）
沖のカモメに　潮時問えば
わたしゃ立つ鳥　波に聞け
チョイヤサ　エエンヤーサノ　ドッコイショ
（ハードッコイショドッコイショ）

一行目、「ニシン来たかとカモメに問えば」という場合もある。なかにし礼作詞の『ニシン挽歌』も記憶される。「ウミネコがなくからニシンが来ると…」。

◎かわいい魚屋さん　加藤省吾

かわいい　かわいい　魚屋さん
ままごと遊びの　魚屋さん
今日《こんち》はお魚 いかがでしょ
お部屋じゃ　子供のお母さん
今日《きょう》はまだまだ　いりません

かわいい　かわいい　魚屋さん
てんびんかついで　どっこいしょ
今日《こんち》はよいよい　お天気で
こちらのお家じゃ　いかがでしょ
今日はそうねえ　よかったわ

かわいい　かわいい　魚屋さん
ねじりの鉢巻はっぴ着て
今日《こんち》はお魚　いかがでしょ
大だい小だいに　たこにさば
おかんじょ上手　に　一丁《いっちょ》二丁《にちょ》な

かわいい　かわいい　魚屋さん
ままごと遊びの　魚屋さん
今日《こんち》はお魚　売り切れだ
毎度　有がと　ございます
にこにこ元気で　またあした

◎めだかの学校　茶木滋

めだかの学校は　川のなか
そっとのぞいて　みてごらん
そっとのぞいて　みてごらん
みんなで　おゆうぎ　しているよ

めだかの学校の　めだかたち
だれが生徒か　先生か

だれが生徒か　先生か
みんなで　げんきに　あそんでる

めだかの学校は　うれしそう
水にながれて　つーいつい
水にながれて　つーいつい
みんなが　そろって　つーいつい

◎浦島太郎　作詞不明（昭和七年 尋常小学校唱歌）

昔昔、浦島は
助けた亀に連れられて、
龍宮城へ来て見れば、
絵にもかけない美しさ。

乙姫様の御馳走に、
鯛や比目魚の舞踊《まいおどり》、
ただ珍しくおもしろく、
月日のたつのも夢の中《うち》。

遊《あそび》にあきて気がついて、
お暇乞《いとまごい》もそこそこに、
帰る途中の楽しみは、
土産に貰った玉手箱。

帰って見れば、こは如何《いか》に、
元《もと》居た家も村も無く、
路《みち》に行きあう人々は、
顔も知らない者ばかり。

心細さに蓋とれば、
あけて悔しき玉手箱、
中からぱっと白煙《しろけむり》、
たちまち太郎はお爺さん

◎あわて床屋　北原白秋

春は早うから川辺の葦に　蟹が店だし　床屋でござる

チョッキン　チョッキン　チョッキンナ
小蟹ぶつぶつ　石鹼を溶かし　親父自慢で鋏を鳴らす
チョッキン　チョッキン　チョッキンナ

七、魚のことわざ

海に取り巻かれている日本では、魚が生活のなかに深く入り込んでいる。それはことわざを見れば明らかである。牛馬、畜類、あるいは鳥に比べて、魚のことわざは格段に多い。これはヨーロッパや中国、インドと比べてもすぐに気がつくところだ。もちろん食べ物としてである。愛玩用、観賞用としても鯉や金魚が飼われていたが、ことわざには出てこない。

・上がり鯰
魚は死ぬと腹を出して浮き上がる。ナマズは死ぬとぬめりがなくなる。遊郭で金を使い果たした客についていう。上がり鯰になると誰にも相手にされない。

・上がり三日、下がり三日
冷血動物である魚は水温の急な変化にすぐには対応できない。気温の上がり下がりに三日の余裕をみて釣り上げる。

・秋そばの花盛りに蟹が下りはじめる
ソバの花が咲くころ、蟹が海へ下って産卵する。このころが味がいい。

・阿漕が浦にひく網
男女の密会は度重なると人目につく。「あこぎ」を欲深の意味にとると、貧者から非情に金を巻き上げることになる。

・浅みに鯉
浅瀬でばちゃばちゃしている鯉を手づかみすること。めったにない幸運についていう。濡れ手に粟。

・網代の魚
袋のねずみ。もう逃げられない。

・網の目から手
引く手あまた。網にはいった高価な魚をとろうとして、網の外から大勢の手がのびる。

・あわてる蟹は穴へはいれぬ
いそがばまわれ、あわてると失敗する。

・イカ一杯、鯛一尾
イカで鯛を釣る。海老で鯛を釣るともいうが、鯛漁の盛期にはイカはなかなかとれない。わずかなもので、貴重なものを得るというのではなく、得難い物で貴重なものを得る、大きな得物をとるにはそれにみあった犠牲を払わなければならない。

・イカの金玉
イカには睾丸がないようにみえる。ありそうでないもののたとえ。相手の思い通りにいかないこと。その手は桑名の焼き蛤。

・石垣のウナギで手が出せない
打つ手がない。石垣の隙間に入り込んだウナギをつりだすのは至難のわざという。

・磯のアワビの片思い
アワビは片側にしか貝がないようにみえる。実際は巻貝である。岩にはりついていてあまり遠くまでいかないようにみえる。ひたすら待つだけのあわれな片恋である。

・一目の網は魚を得ず
一尾の魚をとるにもたくさんの目のある網を用いるように、事をなすには多くの人の協力が必要。

・鰯の頭も信心から

イワシの頭のようなつまらないものでも信心する人には尊く思われる。物事をかたくなに信じる人を揶揄するときなどにもいう。本文一一〇頁参照。

・魚心あれば水心

相手が好意を示せば、こちらも好意で応える。好きな女に思い切ってプロポーズをしたら色よい返事をもらったりする。タイミングの問題でもあるが、下心があっていい返事をする場合もある。アリアドネとテセウスの関係では、テセウスはうわべだけアリアドネの好意を感謝するふりをして彼女を利用できるだけ利用して捨ててしまう。イアソンとメディアの関係もそれに近い。

・魚と客は三日たてば臭う

長居・長逗留をする客は嫌われる。

・魚に泳ぎを教える

釈迦に説法。ものの習いたてはやたらと人に教えたがる。その道の専門家にまでしたり顔に教えをたれる。

・魚の目に涙

鬼の目に涙も同じ。ありえないこと。しかし冷酷な鬼のような人でも涙を流すことがある。魚の目はうるんでいて、あたかも泣いているかのようである。「行く春や鳥啼き魚の目は涙」芭蕉が諸国行脚に出るときに万人が別れを惜しんだ。

・魚は水に棲んで水を濁し、鳥は木に棲んで木を枯らす

仇をもって恩に報いる。鳥のせいで木が枯れる例は鵜の森で、フンのためにまっ白になった森は立ち枯れる。

・魚を受くれば禄を失う

魚は賄賂のこと。収賄がばれて首になる。三宝に載せた鯛の下に金一封をしのばせて贈り物にするといったことがあったのだろう。

・内蛤の外蜆
　内弁慶、大きな蛤と小さな蜆の対比。

・親をにらむと鮃になる
　親不孝をいましめたことわざ。鮃は目が片側についている。それと同じく寄り目あるいは斜視になることをいう。

・蟹は甲羅に似せて穴を掘る
　根性に似せて家を作る、ともいう。力量、分に応じて言動をすべし。高級住宅地の豪邸を無理して買ったのはいいが、固定資産税だの町内会費だのが高くて払い切れなかったりする。それにローンの返済がある。

・蟹を食うなら手を汚せ
　食べ物にはそれぞれ食べ方がある。蟹は手でつかんで食べる。

・木に縁りて魚を求む
　方法を誤ると目的は達せられないことのたとえ。ムツゴロウなどは木登りができる。水中で猪をとるなどというのも一見、不可能なようで、実は海を渡る猪を漁師がとる例がある。

・雑魚の魚交《とと》じり
　雑魚のなかに鯛などの高級魚がまじっていること。はきだめの鶴。しかし鯛も雑魚と一緒に網にかかったらおしまいである。大器が時を得ず小人のあいだにまざっていることもある。

・逃がした魚は大きい
　釣師の話では、逃がした魚が実際より大きくなる。投機などの利得がらみの話でも、とりそこなった儲け話がどうしても大きくなる。

・魯魚の誤り
　似た字を間違える。タヌキ（狸）とムジナ（貉、狢）は字は違うがよく間違える。

・目高も魚《とと》のうち

蜻蛉は鳥ではないが、メダカは魚である。一寸の虫にも五分の魂。

・水清ければ魚棲まず

人格が清廉にすぎると、かえって人に親しまれないというたとえ。栄養分のない水では魚も棲めない。もっとも腐敗した水ではもっと棲めない。魚にもよる。イワナなどは山間の清流でなければ棲めない。

・水魚の交わり

離れられない仲をいう。もっとも「水をえた魚」とはいうが、「魚あっての水」とはいわない。水にとっては魚はなくてもいいのである。

・蛇に足なし、魚に耳なし

それぞれに得手不得手がある。老人に力があり、若者に知恵があれば言うことなしともいう。イカに骨なし、ナマコに目なし。

・網呑舟の魚を漏らす

網の目があらくて、大物を逃す。法律が大まかであるために大罪人を逃してしまうことのたとえ。天網恢恢疎にしてもらさずというが、天網ならざる地の掟ではなかなかそうはならない。

・魚の目に水見えず

近くのものに気がつかない。人の目に風が見えないのと同じ。トロイ戦争ではパリスが殺されそうになった時、アプロディテが雲になって彼を包んで、敵の目に見えなくした。

・腐っても鯛

腐っても牛ならある程度はうなづける。メロンなどと同じく、少し置いておくとなれてきて、味がよくなる。それに対して鯛の腐ったものは敬遠したい。夏の小袖などといって、貰うものならなんでもいいということもあるが、食べ物ではそうはいかない。寒い時の冷菓、暑い時の羹、そして腐った鯛。

・鯖をよむ

鯖売りが数をごまかしたことから、多目に数えること。

・とどのつまり

出世魚ののぼりつめたさま。ボラの成魚をトドという。

・鯛も平目も食うたものが知る

食べてみなければわからない。経験して物事がよくわかる。百聞は一見に如かず。

・ごまめの歯ぎしり

ごまめは片口鰯の幼魚を干したもの。田作りも魚のうちともいう。弱小なものにも意地がある。あるいは弱いものが強がってみせて笑われる。

・魚の木に登るがごとし

不可能の例。ただし、現実に木登りをする魚がいる。空を飛ぶ魚もいる。

・魚の釜中に遊ぶがごとし

まもなく煮られるのに、のんびり遊んでいる。壇ノ浦の平家陣中の公家たちは明日をも知れぬ身ながら、音曲をたしなんでいた。

・魚を得て筌《うえ》を忘る

筌は魚籠《びく》のこと。結果だけを見て、手段をおろそかにする。試験に合格するとそれまでの試験勉強は忘れて顧みない。参考書も捨ててしまう。賞をとったりすると、自分の力でとったものと思い、お膳立てをしてくれた人の事は考えない。

・猫の魚辞退

本心は欲しくてたまらないのに、いらないふりをする。将軍に推挙するときは使者が口上を述べると、相手は三度辞退し、四度目に受ける。本当は最初から受けたいのである。

・まな板の上の鯉

年貢の納め時。いまさらじたばたしてもはじまらない。が、勢いのいい魚はまな板にのせられても跳ねて逃げてゆく。それくらいでないとうまくない。

海の怪物クラーケンのモデルとされる巨大ダイオウイカ
（ジュール・ヴェルヌ『海底二万里』挿絵、1870 年）

おわりに

魚類神話では、やはりその巨大な体軀からしていずれの地域でも神格化された鯨が鯨神として畏怖され、崇められていた。釣り人たちの「神」もやはり、その大きさから伝説化されるカジキであろう。ヘミングウェイが『老人と海』でその戦いを語った巨魚である。鯨が哺乳類であるのに対し、カジキは魚類で、ジンベイザメと並んで巨大な魚である。サメもまた容易に神に祀られる魚だった。対するに甲殻類や貝のたぐいは「神」にはならないようである。タコやイカの巨大なものは神というより怪物とみなされた。それら神々や怪物たちは七つの海を自由に行き交った。獅子や象が日本にはいなかったのに対し、海の鯨神や巨大イカは日本の近海にまで出没した。魚類の遍在性は、鳥類と比較しても注目に値するだろう。鳥はどこにでも飛んでいけるようであり、渡りにおいては全地球が住処であるかのようにさえ思わせる行動範囲の広さを示している。しかしなお、魚類に比べるとその行動範囲は限定されている。シベリアの鳥は日本まで飛んでくる。しかし、そこからさらに南極にまで達する鳥はめったにいない。ヨーロッパの鳥はアフリカで冬をすごす。しかし、アフリカの鳥は日本まではやってこない。南米の鳥でも同じである。ましてや四つ足の動物であれば、その行動範囲はまた一段と限られる。鯨を含めた魚類の遍在性が際立つところである。そしてまたその巨軀は地球上のあらゆる動物のなかで最大である。その鯨神に、たとえば日本人は太古の時代から畏敬しつつ銛を持って挑んでいった。その恐ろしさは海そのものの恐ろしさであった。シャチやサメと違って、鯨はめったに人食い鯨にはならない。それでも鯨と戦った鯨捕りたちは次々と命を落とした。その力強い尾で跳ね飛ばされれば、舟はみじんに壊れ、鯨が海底へもぐっていけば、銛を打ってその背中にとりついた者たちは一緒に海底へ葬り去られた。鯨の恐怖は海の恐怖だった。それは人魚や河童といった想像上の妖怪が呼び起こし得ない恐怖であり、それはまた津波や激浪によっても体感される恐怖だった。神とは恐ろしいものである。その意味で鳥類や昆虫にいかに神霊を見ようと、神のもたらす真の恐怖は海にこそあったといってよいだろう。

海に囲まれていない内陸の国でも魚のいない国はなかった。巨大魚の伝説はそんな内陸の国にも伝わっていた。湖があれば、その底には竜宮があった。竜宮は山のなかにもあったが、多くは水をくぐった先にある楽園であり、あるいは死者の国だった。

そこにはうるわしき乙姫か、あるいは青ざめた美青年が住んでいた。彼らはときに恐ろしい竜の姿になってうごめいていた。竜には火を吹く陸生のものもいたが、天に昇って雷雨を降らせるものもいた。竜宮は竜王の住まいでもあったのである。竜こそ、水界の想像が作り上げた最大の妖怪であったろう。彼らは多くは伸縮自在で五色の子蛇にもなれば、鯨以上の巨大な化け物にもなった。北欧のヨルムンガンド蛇、聖書のレヴィアタンは、地球を取り巻くほどの大きさを誇った。そして竜がいない国はなかったのだ。

魚類神話はかくて、鯨神と竜神、海の恐怖と竜宮の魅惑をもって世界中で語られていった。海がない国でも洪水の神話は同じ恐怖をかきたてた。そしてそれはほんの小さな魚が引き起こす大洪水であることもあった。神話がない国では伝説として、あるいは文学のかたちで、それらの恐怖が語られた。本書はその一端を示したものである。

編集の三宅郁子さんには、いつも通り適切な助言と豊富な図版でお世話になった。御礼申し上げる。

二〇一九年五月

篠田知和基

参考文献

＊日本語の文献のみを掲げた。

コルネリウス・アウエハント、小松和彦他訳『鯰絵』せりか書房、一九八六
ロジャー・D・アブラハムズ編、北村美都穂訳『アフロ-アメリカンの民話』青土社、一九九六
ポーラ・アンダーウッド、星川淳訳『一万年の旅路』翔泳社、一九九八
リチャード・ウィルキンソン、内田杉彦訳『古代エジプト神々大百科』東洋書林、二〇〇四
ジョナサン・エヴァンズ、浜名那奈訳『ドラゴン神話図鑑』柊風社、二〇〇九
レイチェル・カーソン、上遠恵子訳『海辺』平河出版社、一九八七
ヴィクトル・ガツァーク、渡辺節子訳『ロシアの民話』恒文社、一九七八
アーサー・C・クラーク、小野田和子訳『イルカの島』東京創元社、一九九四
アーサー・C・クラーク、高橋泰邦訳『海底牧場』早川書房、二〇〇六
ウィリアム・クレーギー、東浦義雄編訳『トロルの森の物語』東洋書林、二〇〇四
カール・シューカー、別宮貞徳監訳『龍のファンタジー』東洋書林、一九九九
コリン・シール、犬飼和雄訳『青いひれ』心の児童文学館、一九八一
ヴィック・ド・ドンデ、富樫瓔子訳『人魚伝説』創元社、一九九三
C・W・ニコル『勇魚』文藝春秋、一九八七
ハワード・ノーマン、松田幸雄訳『エスキモーの民話』青土社、一九九五
J・R・ノルマン、黒沼勝造他訳『魚の博物学』社会思想社、一九七〇
D&G・バウナル、野崎孝他訳『雨の日の釣師のために』TBSブリタニカ、一九九一
フランシス・ハックスリー、中野美代子訳『龍とドラゴン』平凡社、一九八二
ゲイル・ハーマン、橘高弓枝訳『ファインディング・ニモ』ディズニーアニメ小説版、二〇〇三
ジュディ・ハミルトン、先川暢郎他訳『小作人とアザラシ女』春風社、二〇一四
コティー・バーランド、松田幸雄訳『アメリカ・インディアン神話』青土社、一九九七
アーネスト・ヘミングウェイ、秋山嘉他訳『ヘミングウェイ釣文学全集　下巻・海』朔風社、二〇〇〇
ロズリン・ポイニャント、豊田由貴夫訳『オセアニア神話』青土社、

一九九三
ジャック・マイヨール、関邦博編集『イルカと、海へ還る日』講談社、二〇〇八
アンソニー・S・マーカタンテ、中村保男訳『空想動物園』文化放送開発センター出版部、一九七六
ジュール・ミシュレ、加賀野井秀一訳『海』藤原書店、一九九四
トム・ミュア、東浦義雄他訳『人魚と結婚した男　オークニー諸島民話集』あるば書房、二〇〇一
ハーマン・メルヴィル、阿部知二訳「白鯨」『E・A・ポオ、メルヴィル　世界文学全集　第二期 第七巻』河出書房、一九五六
ロベール・メルル、三輪秀彦訳『イルカの日』早川書房、一九七六
ヴィルヘルム・ラーニシュ、吉田孝夫訳『図説　北欧神話の世界』八坂書房、二〇一四
シャマン・ラポガン、下村作次郎訳『空の目』草風館、二〇一四
クロード・レヴィ＝ストロース、早水洋太郎訳『神話論理二』みすず書房、二〇〇七
ピエール・ロチ、吉氷清訳『氷島の漁夫』岩波書店、一九七八
秋篠宮文仁ほか編著『ナマズの博覧誌』誠文堂新光社、二〇一六
赤羽正春『鱈』法政大学出版局、二〇一五
秋道智彌『イルカとナマコと海人たち』日本放送出版協会、一九九五
有薗真琴『お魚の文化誌』舵社、一九九七
池上正治『龍と人の文化史百科』原書房、二〇一二
池上正治『龍の百科』新潮社、二〇〇〇
石上七鞘『水の伝承』新公論社、一九七九
『石田英一郎全集　五』筑摩書房、一九七七
『泉鏡花　全集九』岩波書店、一九七四
伊藤桂一『釣り話　魚話』作品社、一九九六
伊藤桂一ほか編『集成日本の釣り文学第三巻　まぼろしの魚』作品社、一九九五
伊藤桂一ほか編『釣りの不思議』作品社、一九九六
伊藤清司『日本神話と中国神話』学生社、一九七九
井伏鱒二『自選 井伏鱒二全集』新潮社、一九八六
内田恵太郎『私の魚博物誌』立風書房、一九七九
『内田百閒　全集』講談社、一九七一
宇能鴻一郎『鯨神』中央公論社、一九八一
袁枚『子不語』平凡社、二〇一〇
大久保喜一郎ほか編『上代説話事典』雄山閣、一九九四
大城立裕『神の魚』新潮社、一九八九
大竹國弘訳編『チェコスロバキアの民話』恒文社、一九八〇
大林太良『東と西、海と山』小学館、一九九六
大林太良『神話の系譜』講談社、一九九一
大林太良ほか『海からみた日本文化』小学館、一九九二
大林太良、吉田敦彦監修『日本神話事典』大和書房、一九九七
岡野薫子『銀色ラッコのなみだ』私家版、一九六四

『金子光晴詩集』思潮社、一九七五
神坂次郎『黒鯨記』新人物往来社、一九八九
亀崎直樹『海亀の自然誌』東京大学出版会、二〇一二
川上弘美『竜宮』文藝春秋、二〇〇二
川島秀一『カツオ漁』法政大学出版局、二〇〇五
川村湊『海峡を越えた神々』河出書房新社、二〇一三
菅能琇一『モノドンの魚心あれば人心』毎日新聞社、一九七八
北村けんじ『まぼろしの巨鯨シマ』理論社、一九八八
木下尚子『南島貝文化の研究・貝の道の考古学』法政大学出版局、一九九六
木村盛武『北の魚博物誌』北海道新聞社、一九九七
黒木真理『ウナギの博物誌』化学同人、二〇一二
黒田日出夫『龍の棲む日本』岩波書店、二〇〇三
『幻想小説大全』北宋社、二〇〇二
幸田露伴『いさなとり』岩波書店、一九五四
『古事記　日本古典文学大系』岩波書店、一九六七
小菅太雄『五郎の海』舵社、一九九六
小島敦夫編『世界の海洋文学　総解説』自由国民社、一九九六
後藤明『「物言う魚」たち』小学館、一九九九
『小林秀雄　全集一』新潮社、一九七八
『魚の日本史』新人物往来社、一九八八
斎藤栄『海獣』毎日新聞社、一九七六
酒向昇『海老』法政大学出版局、一九八五
笹間良彦『龍とドラゴンの世界』遊子館、二〇〇八
篠田知和基『世界動物神話』八坂書房、二〇〇八
柴田哲孝『日本怪魚伝』角川学芸出版、二〇〇九
篠崎晃雄『サカナの雑学事典』新人物往来社、一九九六
庄子大亮『大洪水が神話になるとき』河出書房新社、二〇一七
白井祥平『貝』法政大学出版局、一九九七
申来鉉『朝鮮の神話と伝説』太平出版社、一九四三
末広恭雄『魚と伝説』新潮社、一九六四
杉浦昭典『海の慣習と伝説』舵社、一九八三
鈴木健一編『海の文学史』三弥井書店、二〇一六
鈴木健一編『鳥獣虫魚の文学史　魚の巻』三弥井書店、二〇一二
朱鷺田祐介『海の神話』新紀元社、二〇〇六
『世界の民話』ぎょうせい、一九七九
高橋大輔『浦島太郎はどこへ行ったのか』新潮社、二〇〇五
田村勇『海の民俗』雄山閣、一九九一
田村勇『サバの文化史』雄山閣、二〇〇二
田中光二『わだつみの魚の詩』勁文社、一九九一
田中光二『大海神』双葉社、一九七八
田島伸二『大亀ガウディの海』ディンディガル・ベル、二〇〇五
田辺悟『イルカ』法政大学出版局、二〇一一
谷川健一『民俗の神』淡交社、一九七五

『短歌表現辞典　鳥獣虫魚編』飯塚書店、一九九七
千早茜『魚神』集英社、二〇〇九
戸川幸夫『戸川幸夫動物文学全集二』講談社、一九七六
戸塚一『湖の伝説と民話』ベストセラーズ、一九七二
津本陽『深重の海』新潮社、一九七八
辻桃子ほか『俳句の虫・魚介・動物』創元社、二〇〇八
直野敦ほか編訳『ポーランドの民話』恒文社、一九八〇
中島顕治『魚つりと鯨とりの文学』彩流社、一九九三
長井那智子編『人魚』皓星社、二〇一六
永留久恵『海神と天神』白水社、一九八八
中村禎理『河童の日本史』日本エディタースクール出版部、一九九六
中村幸昭『マグロは時速一六〇キロで泳ぐ』PHP研究所、一九九六
中村幸昭編著『水族館』保育社、一九九四
中村幸昭『海の宇宙』朝日新聞社、一九九二
二階堂清風『釣りと魚のことわざ辞典』東京堂出版、一九九八
西尾牧夫『海の伝説』成山堂書店、一九六七
『日本書紀　日本古典文学大系』岩波書店、一九六七
『日本の民話』ぎょうせい、一九七九
沼野充義『東欧怪談集』河出書房新社、一九九五
樋口覚『短歌博物誌』文藝春秋、二〇〇七
藤原英二ほか訳編『世界動物文学全集二、四、八、二一、二七』講談社、一九七八
藤田昭編『ふるさと文学館』ぎょうせい、一九九五
馬場英子ほか編訳『中国昔話集　Ⅰ、Ⅱ』平凡社、二〇〇七
宮島正人『海神宮訪問神話の研究』和泉書院、一九九九
森三樹三郎『中国古代神話』清水弘文堂、一九六九
森田勝昭『鯨と捕鯨の文化史』名古屋大学出版会、一九九四
安田喜憲編『龍の文明史』八坂書房、二〇〇六
柳田國男『底本 柳田國男集五』筑摩書房、一九六八
矢野憲一『あわび』法政大学出版局、一九八九
矢野憲一『鮫』法政大学出版局、一九七九
矢野憲一『亀』法政大学出版局、二〇〇五
矢野憲一『魚の文化史』講談社、二〇一六
矢野憲一『魚の民俗』雄山閣、一九八一
山本健吉ほか『魚の歳時記』学習研究社、一九八四
吉野裕訳『風土記』平凡社、一九六九
吉村昭『魚影の群れ』新潮社一九八三
吉村昭『鯨の絵巻』新潮社、一九七八
吉野裕訳『風土記』平凡社、一九七二
李均洋『雷神・龍神思想と信仰』明石書店、二〇〇一
和田一雄編『海の獣たちの物語』成山堂書店、二〇〇四
◎「聖書」は日本聖書協会の新共同訳（一九八七）を使用した。

註記

はじめに

01　魚介類という生物学上の分類があるわけではない。水生動物全般をさす一般的概念のようで、水族館にいるもの、魚屋で売っているもののすべてである。

02　海の哺乳類では鯨、イルカ、オットセイ、トド、セイウチ、アシカ、アザラシ、ラッコ、ジュゴン、マナティ、シャチがいるが、川にはビーバーやカワウソがいる。軟体動物ほかではタコ、イカや貝類のほか、ホヤ、ナマコ、クラゲなどがいる。爬虫類では亀や海蛇がいる。動物と植物の境ではサンゴがいる。それらすべてをひっくくる概念は「水中の生物」でしかない。そのほかに妖怪の部で人魚、河童、竜がいるし、古事記に出てくる「ワニ」も多分に妖怪的である。

03　メリュジーヌは下半身が蛇だが、人魚は下半身が魚である。しかし画像では下半身魚としてのメリュジーヌもある。ただし水生ではない。それに対して人魚は水生である。

04　神功皇后は「海原の魚、大き、小さきをとわず、ことごと御船を負いて渡りき」というように住吉の神の加護のもとに新羅へ攻めて行ったが、戻って来た時に飯粒を餌にして鮎を釣った（古事記）。日本書紀では、三韓征伐におもむく前に、事の成否を占って鮎を釣ったとある。

05　磯良について永留久恵は御子神とし、トヨタマヒメを母神としている。また、対馬の和多都美神社の前の汀に「磯良エベス」と称する磐座があるのが重要であると永留は言う。さらに永留によれば磯良は蛇体である。

06　日本でも後述のように鯨に呑み込まれた話があるが、漁民たちにとっては漂着した鯨は恵比寿だとして、これを祀ってみんなで分ける習慣があった。

07　大王イカの大きなものは一七・二七メートルという（『北の魚博物誌』）。逆に小さいほうの代表はホタルイカだが、こちらは発光器をもっていて、これが群れていると海面全体が光るという。魚津市近くの海岸が名高い。イカを干したするめを神事に使うのは日本独特の風習であろう。

08　神話の水族館には想像上の怪物と、実在するがその国には生息しないもの、実在するが寸法や年齢が誇張されたもの、そしてもちろん口をきく魚などがいる。

09　『筑前国続風土記』に、那珂川に鯰淵があり、ここにいるナマズは「天下国家に変事がある際には、必ず出現して集まってくる」とある（『ナマズの博覧誌』）。

Ⅰ　神話の水族館

10　これは日本だけの話ではない。ドラゴンはどこにもいないが、その神話はどこにでもある。あるいは言葉としてのクロコダイルは、ワニの生息しない英独仏語の文化圏でも基本単語として誰にでも知られている。イギリスには鰐は生息しないからクロコダイルとはなにかのことであるなどと覚えていたら試験に合格しない。

11　矢野憲一は一尋ワニが、一日で本土と竜宮を往復するからもっとも高速だという。一尋から八尋まで体長をあらわすとし、小さい方が速いのだと言っている。

12　ワニについて鰐のこともあれば鮫のこともあるという矢野は、ここは鮫だろうというが、鮫が遡上するには相当深い河でなければならない。ミシマミゾクイヒメ（三島溝くい姫）がいたのがどんなところかわからないが、溝川ていどのものであったとすれば、そこを這っているのはワニである。

13　ただし、ワニは卵を産む。サメは胎生である場合もある。ミャンマーのクン＝アイ説話では、湖の竜女は岸にやってきて卵を産む。そこからその地の王国の始祖が生まれる（『三品彰英全集』）。

14　「パンチャタントラ」に、「貴人が川を渡れずに困っていると、川の中から魚が浮かび出て一列に並んで橋の代わりになってくれた」（矢野憲一『魚の文化史』）とある。朝鮮の朱蒙も国を出て川を渡るときに魚や亀が橋になった。矢野はこれらの伝承を「仏足石の魚にかかわる」ものとみる。仏足石に魚が彫られているのである。

15　『今昔物語集』には、相撲人の宗平という者が鹿を狩り、海へ逃げ込んだ鹿を追って海へ入ったところ「ワニ」に三度襲われ、最後に「ワニ」の顎をつかんで陸に投げ上げて仕留めた話がある。これは事実譚のようであることからもサメであろうとみられる。が、今昔の時代までサメをワニといっていたことに疑問なしとしないところがあり、また、磯近くにサメが出ることもないので、そもそも事実譚ではなく、怪異譚であるなら、想像上の怪物であっても不思議はない。

16　ほかに鰐と鯉が戦った話、虎と鰐の戦いの話などがある。

17　最初に出てくるのは山幸が竜宮から帰るときに乗った一尋ワニに剣を添えて返してやったので、以来ワニを「サヒモチの神」というとある。

18　このあとミケイリヌの命も「波の秀を踏みて常世郷に往でましぬ」という。この常世は海のそこの竜宮であろう。母の国へ帰ったのである。

19　「ワニ」に似た現地語があるともいうが（現代インドネシア語では bajul か buaya）、「海中の怪物」として和語「ワニ」があてられたともみられる。その場合「ワニ」がどんなものをさしていたかが問題だが、現実のサメには鮫ないし鱶という言葉と漢字があてられており（風土記では「沙日」）、漢字文化に習熟していた中央の文人が鮫をワニといったとは信じられない。普通の書字文化として鮫も鰐も文字として知られていたし、口承文化でも南中国から南島の方には鰐という怪物がいるという知識はそれらの地方の伝承の伝播の過程で伝わっていたに違いない。その現実のワニと、曰く言い難い怪物をさす和語の「ワニ」が同じものをさしていた、あるいはさすようになった上に、中国語の鰐とその観念も伝わってきてほぼ正確なワニのイメージが形成されていたのではないだろうか。一方、サメは鮫ないし鱶だが、怪物的な鮫として「鰐鮫」というものも想像されたようである。ただしその際、出雲で鮫の刺身をワニと呼ぶという地方文化の知識はヤマトの文人によっては知られていなかったろう。そして、漢字の鮫と鰐は違うものとして理解されていたはずだが、その理解は実物に即したものではないだけに、混同しがちであったのだろう。なお、「鰐鮫」とはジンベイザメではないかと太田黒克彦はみている（『集成日本の釣り文学 第三巻 まぼろしの魚』より「続魚怪抄」）。また同書は『言海』を引いて「山陰道にては鮫を和邇という。神代記に鰐とあるは鮫なるべし」といっている。問題はこれがいつごろからの理解であるか、また、記紀の執筆者たちが、どこまで地方語を尊重したかであろう。喜田貞吉ですら知らなかった地方語を記紀の編纂者たちが知っていたとは思われない。記紀や風土記の「ワニ」または「鰐」はサメでもなく、クロコダイルでもなく、おそろしい海の怪獣である。のちに北斎が「鰐鮫」として描いた

『北斎漫画』に描かれた鰐鮫（葛飾北斎画）

ような混成怪獣と考えられる。

20　外国の伝承は書物を媒介とする場合は翻訳によって伝わったが、書物以前の伝承は主として商人たちが口伝えで市場から市場へと伝えた。異国の商品を買い付け、売りさばく商人はみな達者な通訳だった。その際、翻訳不能な名辞は似たものの類推でごまかしたが、日本にやってきて住み着いた人々の多くは中国南部にしろ東南アジアにしろ、あるいは南洋の島々にしろ、ワニが恐れられていた地域の出で、その記憶が「ワニ」という海の怪物として代々伝わってきていた可能性は少なくない。

21　一尋ワニは矢野憲一によると一日で本土と竜宮を往復する鰐で、体長一尋、すなわち二メートルほどだという。

22　この「ワニ」は「サメ」であろうと矢野憲一はみる。現実に起こりうる事故である。それに対して「ワニ」になってミシマミゾクイヒメに通ったのもサメではないかというのはいかがなものかと思われる。サメも川を泳ぐことがあるというのだが、水深のない小川では泳げないだろう。姫のもとによたよたと這ってくる鰐の方があまりスマートではなさそうなコトシロヌシらしいところである。出雲の国風土記にはほかに仁多郡の項にワニが玉日女命を恋い慕って上って来たが、姫が、石をもって川をふさいでしまったので、会うことができなかったという話が載っている。また肥前国風土記でも佐嘉郡の条で、「この川上に石神有り。名を世田姫という。海の神、鰐魚を言う。年常に、流れに逆らいて潜り上り」とある。

23　鵜飼そのものが記録されたのは日本書紀である。『北の魚博物誌』には養老年間という。

24　天鳥舟がコトシロヌシに国譲りのことを告げると、「かしこし、この国は天津神の御子に奉らむ」と言って、「船を踏み傾けて、天の逆手を青柴垣に打ちなして、隠りき」とあるのはのちに青柴垣神事になって祭りで反復されるが、舟を傾けて、海底へ去ったともみられる。コトシロヌシは海洋神であり、釣りの神であり、海神の宮に隠れた神であった。

25　恵比寿はイザナミが最初に産み落としたヒルコが漂着して漂着神となったのが恵比寿であるとする。のちにインドのマハカラ（大黒天）と習合し、大黒＝大国の名の一致から大国主になったが、釣りの神として大国主の息子のコトシロヌシとも習合したものと思われる。

26　御饌となる神聖な食べ物としてはアワビもあったが、獣はなかった。古代人が獣をとって肉食をしていたことは知られているが、御饌にはならなかったようである。御饌と生贄は異なるが、神に捧げるものとしては同じだろう。そこで魚やアワビやエビが多用されたことをもってすれば、日本が魚食文化であったことの証にもなろうが、今日の日本では、魚は高級食材となり、鶏などのほうが安く、魚料理は懐石料理などに限られるようになった。そういった料理を供されることの多い外国人は、いまだに日本人は魚を食べる民族であるとみなしているが、これは市民生活の実態からはかなり離れた事実である。なお「魚を食べる日本人」にはかならずしも好意的なイメージがあるわけではないことも留意するほうがいいだろう。日本ではどこでも魚のくさった臭いがするというのは、明治期に滞在したウェストンの頃以来の西欧人の偏見である。しかし最近でも日本に来て日本風の旅館に泊まったフランス人が朝食に魚の干物を出されて辟易したという話を聞かされた。「朝から魚」というのは、人によっては責苦であるというのは、それまで気がつかなかった。

27　高橋大輔は『浦島太郎はどこへ行ったのか』で、竜宮とは渤海の蓬莱山に築かれた壮麗な離宮であったろうという。絵では舟でいった先に洞穴があり、その奥に竜宮城があるように描かれている。が、『平家物語』などで、「波の底にも都の候ぞ」というように海底に竜宮があるという想像は民間で広まっていた。永留久恵は海中のイワクラをさすというが、神話的には海のかなたと海の底は同じものであり、そこに自然の洞窟があったにせよ、人工の宮殿があったにせよ、そこが壮麗な宮殿であったことは民間の想像では動かない。

28　竜宮でも蓬莱でも、竜王の娘はひとりで、女官たちはいるが、姉妹はいないようである。それに竜王の后も出てこない。ただし中国の『柳毅伝』では竜女には父母兄弟もいたようである。

29　自然のなかにすまう神霊としては竜のほかに天狗、大蛇、狐狸の類がいるが、いずれも妖怪変化のものであり、形が変わるのである。竜も本性としては爬虫類でもあろうが、物語のなかでは人態である。これは自然の神々が暴風、地震、噴火などの猛威をあらわすときは動物態であらわれ、普段は人態であらわれるという、動物神話から人文神話への移行の過程の神の多様性のひとつでもあるだろう。なお、『今昔物語集』三―十一では「竜王、池より出で、人の形にて釈種に向て」ひざまづいて竜宮へ招くが、妃としてもらった竜王の娘は夜寝ると、九つの蛇が頭から出てくる。それを切り捨てたところ、「国中の人が頭痛に悩まされることになった」（関原彩「竜宮城はどこにある?」『海の文学史』より）。

30　古事記では「赤海鯽魚」として「タイ」と読ませているが、日本書紀では「赤女」として「鯛」と注記している。それに対して、『日本怪魚伝』（柴田哲孝）では「アカメ」ではないかとしている。

31　琉球ではシャコ貝のことを「アザカ」という（『南島貝文化の研究・貝の道の考古学』）。また、シャコ貝には魔除け、火伏せの機能がある。あるいは幼児が異常死をしたときはシャコ貝に入れて葬った（同書）。とすると、「アザカの浜で貝とたわむれていて、海底へ引き込まれた」という記述には多層的シンボリズムがみられるようである。貝がシャコ貝であることは疑いえないようだし、そこに包みこまれた「死」は「偽死」であってもただの「死」ではなく、儀礼的な偽死であったとみたい（シャコガイと「アザカ」については谷川健一も「シャコガイ幻想」で指摘している）。

32　リュウグウノツカイというのはウツボ型の魚である。

33　古代の各地の民俗として「歓待の掟」があり、旅の異人は食事と寝床を提供されただけではなく、多くはその家の娘が寝床にはべった。旅人が女人であれば、「嫁にしてくれ」と申し出る。旅の異人は神であった。

34　『今昔物語集』では、子蛇を助けてやった男が竜宮へ招かれて歓待され、無尽蔵の金塊をもらってくる話がある。

35　あるいは海女が海中にもぐるときの浮きとしてもたらいが使われる。のちにサルメとなって海を支配する女王の役をするところをみると、彼女には海女のような性格がこのときから備わっていたのかもしれない。海女はもともとは裸で海にもぐっていたのである。たらいと裸体とは海女の風俗だった。

36　竜宮は三種の神器のひとつ神剣を持っており、珠もあり、トヨタマヒメ以来、竜宮にこそ本当の王統があるという考えもあり、地上の王権が形骸化したとき、海底の竜宮こそ隠然たる力をもった「もうひとつの王権」と想像されたかもしれない。

37　海の道案内をさせるべく海底にひそむ磯良を呼び出すと、フジツボなどが付いた醜貌を恥じて、白い布を顔にたらしてあらわれたという。この磯良の舞を「細男舞」として春日の若宮祭りなどで奉納する。

38　中村禎里は海神の「陸封化」という（『河童の日本史』）。

39　日本の水神は竜、猿、河童、あるいは牛（牡）で、みな牡である。川の神も坂東太郎などというように男神である。いずれも山谷を激流となって流れ落ち、平野部でも氾濫を繰り返す暴れ者のイメージが強いからかもしれない。

40　伊東の一碧湖にも赤牛が棲んでいた。静岡の足久保にも赤牛が主になっていた池があった。いずれも女のもとへ夜な夜な通って来た。

41　とくに「殺牛祭」といわれた雨乞い儀礼で、牛が殺され、その頸が淵に投げ込まれた。すると淵の主の竜が怒って雨を降らせたのである。この「殺牛祭」は異国の信仰として禁止された。

42　ミンダナオ島のバゴボ族では、天地や海が創造されたあと、最初の人間がウナギと蟹をつくった。その蟹がウナギを嚙むと地震が起こる。また、大ウナギが大地を取り巻いていて世界を締め付けているが、蟹がかじると地震を起こす。マノボ族では大蛇が大地の柱を支えている（『物言う魚』たち』）。

43　日本書紀「仁徳天皇十一年十月」の記事に、「天皇は、北の河の澇（こみ）を防がむとして茨田堤を築く」とある。そのとき茨田連衫子《まむたのむらじころもこ》は瓢簞を川に投じて、自身が生贄になることを避けた。

44　地震ナマズに似たものは中国では亀である。伊藤清司の紹介する布朗族の伝承では、巨人神が「一匹の大亀魚をつかまえ、大地を背負わせた。ところが亀はその役を喜ばず、終始逃げ出そうとして地震を起こす」。

45　河童の造形は日本独特だが、ドラゴンが内陸化して、矮小になったと同時に擬人的になって、人間たちと接触をもつようになったとみることはできる。フランスの河川に棲むドラックという妖怪は青ざめた美青年で、女を溺れさせて彼の水底の館に閉じ込める。これがドラゴンの矮小化、人間化したものであることは、その名称からしても明らかだが、その容貌からは水死者の転生ともみられる。日本の河童にも水死者の霊という性格がみえなくはない。いずれにしても川で泳ぐ者を溺れさせるものである。

46　天の壺から世界の水が流れ出ると大林太良は言う（『東と西、海と山』）。

47　谷川健一『民俗の神』。

48　『今昔物語集』には蛇の話は沢山あるが、ある寺の僧が供物の餅を壺に入れて酒をつくっていたところ、酒にならずに蛇になったという話がある。それを野原に捨てておくと、通りかかった者がうまい酒だといって飲んだ。蛇と見えたものは酒だった。あるいは蛇が酒に変じたのである。

49　Ada Martinkus, *Eglé, la reine des serpents*, Musée de l'homme, 1989.

50　「大織冠」では鎌足の娘が唐の皇帝の后となって宝珠を鎌足に贈る。

51　河童を「ヒョウスベ」というが、これはもとは「火むすび」であろうという。水中の火というのは矛盾しているようだが、インド神話では、混沌の海に火神アパム・ナパートが入って、生命を受胎させるという。日本でも火は竜宮からやってきたともいう。その竜が竜灯を海辺の松などに掛けるという。海難除けの灯台の役をするのである。

52　新羅の延烏郎が乗った岩は亀だったろうと、川村湊が『海峡を越えた神々』で推論している。城崎でも「亀が淵」というところがあり、海藻を大岩の上に干しておいたら、その岩が動き出して海中に入ってしまったという。朱蒙が国を逃れるときに橋をつくって彼を渡したのも魚類と亀類である。「水路夫人」伝承でも亀が出てくる。蓬莱山を載せている亀にしても、亀＝竜宮の想像の源には海のかなたの世界があったろう。

53　民間伝承では松尾大社の神が亀に乗って保津川を遡ってやってきたという。これは秦の河勝が瓶に入って川を流れてきたという伝承のヴァリアントかもしれない。境内に亀の井があり、その水を汲んで酒をつくると酒が腐らないと言い伝える。

54　魚が浮いてきたというのは毒流しに相当すると思われる。丹生川の丹は辰砂で、すなわち水銀である。

55　西南中国のアシ人たちの伝承で「まんまるい大地は三匹の大魚の背の上にのっかっていた」というと伊藤清司は言う。列子湯問篇には十五頭の巨鼇が五山を載せているという。

56　これは『パンタチャントラ』や『イソップ寓話集』にもある。

57　沖縄の民話では、若い役人が首を切られそうになっていた亀を助け、海へ放した。その役人が船に乗って台風に遭ったとき、その亀が出てきて、無事に海岸に送り届けた（『水の伝承』）。

58 「亀になった爺さ」という話がある。いつも「南無阿弥陀仏」と名号を唱えていた爺が、あるとき、井戸の中へ飛び込めば、極楽往生できるというお告げを受けた。そこで井戸端へ行って中を覗き込んで思案をしていると、狩人がやってきて、その夢を売ってくれと言って、井戸へ飛び込んだ。すると、西の方から五色の雲がたなびいてきて、狩人はどうやら極楽へ行ったらしい。それなら自分もと爺が井戸に飛び込むと、夢はもう狩人に売ってしまっていたので、極楽へ行くかわりに亀になった(『水の伝承』)。亀になった話では「炭焼長者」再婚型の変形で、酒呑みののらくら者が女房を追い出したところ、女は山の中の狩人の嫁になり、そこへ落ちぶれて籠売りになった元の亭主がやってきて、元の女房だと気がつくと恥ずかしくなって、籠をかぶって亀になってしまった(同書)。「大年の亀」は、餅つき棒を切って売りに行った男が一本も売れなかったので、池の堤で、これを竜神様に差し上げようというと、亀が出てきて、「米と銭で年をとりやれ」と言う。これは珍しい亀だというので、それを拾って長者のところへもってゆくとめでたい亀だといってお金をたくさんくれた。それを隣の爺が真似をして失敗する(同書)。

59 キサカイヒメはウムガイヒメ(蛤)とともに、やけどを負って死んだオオナムチを生き返らせている。貝の女神が乳汁を搾ってオオナムチの全身に塗って、蘇生させたのである。

60 貝の神話では宝貝が出てきてもよさそうだが、柳田國男が南方文化の北上に宝貝(子安貝)を目的とした交易活動があっただろうと『海上の道』で推測しているだけで、神話としては宝貝は知られていない。宝貝が貝貨として流通していたのは、日本では神話が形成されるより前だったようだ。それに対して弥生時代にはイモガイ、ゴホウラなどを中心として貝輪の作成が盛んとなって、それらの「貝の道」が形成されたことを木下尚子が実証している。

61 室町物語に「あわびの大将物語」がある。

62 アワビは『魏志倭人伝』にも言及されている。「好んで魚鰒をとらえ、水深浅となく、皆沈没してこれを取る」。

63 魚の女神はいないのに貝の女神がいるということは、古代において、それだけ貝の重要性があったということだろう。各地の貝塚が、膨大な貝の消費を物語るし、貝貨もあった。そのほかに木下尚子の研究にあるように、弥生時代の出土品に南島のイモガイやゴホウラなどを使った貝製腕輪があり、貝の交易があったことが推測される。またほら貝も仏教儀礼や山伏たちによって使われていたが、東寺に伝わるものに、空海がもたらしたというインド産のシャンク貝のほら貝が注目される。

64 貝の民俗では「貝合わせ」という遊びが平安時代からあった。左右ばらばらにして合うものを探すのである。貝の内側に彩色して源氏物語などの人物や名場面を描いたものが多かった。その遊び方も時代によって変遷があった。

65 「蛤の草子」では鶴女房型の機織り姫になっている。インドに類話がある。

66　対馬の峰村の伝承で、見知らぬ女が嫁にしてくれといってやってくる。家においておくと夜ごと家を抜けだして、びしょぬれになって帰ってくる。あとをつけてみると山の池に飛び込んで蛇体になって水を浴びている。家を出すと峠に棲みついて旅人を襲っていたが、三月三日の浜遊びの日に、その後迎えた新しい嫁と、その嫁が産んだ娘をつれて浜で遊んでいると、沖から波をけたてて大蛇がやってきて、娘をさらおうとする。翌年は火桶に炭をいれて真赤に燃し、その上に娘の衣装を着せておくと、同じ日に大蛇がやってきて、火桶を呑み込んで悶え死にした。永留はこの話を海神を祀る生贄を伴った儀礼であるとする。

67　Laurence Harf-Lancner, *Les Fées au Moyen Age*..., Paris : Champion, 1984.

68　アルフ・ランクネールが紹介したシチリアの人魚の話など。

69　この地域ではウナギの頭を埋めたところからココヤシが生える。またココヤシの根かたの水たまりにいたウナギをつかまえると洪水になる。

70　淡水の魚だけではなく、海水の魚でも片目がいることを柳田は金華山沖のカツオについて言っているが、たえず黒潮に乗って北上しているので、右目が「日ナタ目」、左目が「日陰目」になるのだと、川島秀一『カツオ漁』も言っている。

71　片目の神で有名なのは北欧のオーディンで、かれは智慧の泉の水を飲むために、片方の目を泉の番人に渡したのである。邪眼などというのも恐れられ、避けられる前は特異な容貌の神であったものだろう。

72　後藤明『「物言う魚」たち』によれば、スマトラのメンタワイ諸島では祖先がワニになる。またボルネオのドゥソン族では父親が年をとってワニになった。マレー人のあいだでは「鰐は死者の魂が乗った船を霊の国に先導する」。イリアン・ジャヤでは、女が出産するときは腹をさいていた。鰐がそこへやってきて、正しい出産の方法を教えた。その後、その鰐は殺されて食べられてしまった。しかし男は鰐に教わっていたとおり、鰐の睾丸をもらって山に逃げ、洪水をのがれた。ベトナムの始祖の伝承として、洞庭湖の竜女の孫からベトナム人が出たとするものがある。

73　この話は人に慣れるイルカではいかにもありそうな話だが、日本ではサメが人を救った話がいろいろ伝わっている。矢野憲一『鮫』によると八重山の多良間という人が無人島に漂着したところ鮫が来て助けられた。また周防大島である人が同じく離れ小島に捨てられて困っていたところ、鮫が来て救ってくれた。この鮫は地蔵の化身であったという。とくにジンベイザメは「エビス」とも呼ばれ、カツオを連れて来るものとして畏敬されていたが、そのジンベイザメが漁夫を浜へ連れ戻した話もある。土佐のある浦のことで、一隻だけまるでカツオが釣れずにエビスに祈願をしたところ七日続いて大漁になり、七日目にジンベイザメがあらわれたので、船頭はかねて覚悟のとおり、白装束に身を包み、「エビス」の口のなかに身を投じた。するとサメは船頭を食べるかわりに背中へ乗せて浜へ連れ帰ったという（『カツオ漁』）。

74　マーカタンテは『空想動物園』で、イルカに助けられた例としてテレマコスをあげている。また祝福された人の霊を死者の島へ送るともいう。錨にイルカがからんでいる絵がよくあるが、その場合、錨が十字架をあらわし、イルカが祝福された動物をあらわすという。また船の周りにイルカが群がっているのは、吉兆だというが、これはいまでも同じだろう。

75　グンデストルップの大鍋にイルカに乗った神の図がある。海の神が海を制御している様子を描いたものだろう。ほかに蛇を手に持った神や、猪なども描かれる。

76　滅びたのはフランスの本家で、海外へ出た者たちはしばらくは栄えていた。しかしそれも長いことではなかった。エルサレム王となったギイ・ド・リュジニャンもそのひとりである。史実によれば夫を亡くした女王の目にとまって王の位にのぼったが、ひとの上に立つ器でなかった。それに戦も下手だった。幾度か戦いに敗れたのち、王位を追われて、キプロス王に転じた。なお、ヨーロッパ中に展開したリュジニャン家の末流がいまでも伯爵を名乗っており、リュジニャン勲爵騎士団なるものも名ばかりとはいうものの存在する。

77　ドラゴンのイメージについて、カール・シューカーは「蛇神と

右上部にイルカに乗った神の姿が見られるグンデストルップの大釜（デンマーク北部グンデストルップの泥炭沼で見つかった紀元前１世紀頃の銀器で、装飾がふんだんに施されている。コペンハーゲン、デンマーク国立博物館蔵）

なってしずかな天空を物憂げにただよう」といい「きらめく虹色の羽毛に乗って天に舞い上がる多色無限の獣」ともいうが、「天空を物憂げにただよう」ドラゴンの話は聞いたことがない。あえて言えば、北斎描く「八方にらみの鳳凰」だろうか。

78 ドラゴン退治の物語は『ベーオウルフ』でもある。ケルトには「フロイヒの牛捕り」という話がある。フロイヒは、メドヴ女王の娘フィンダヴィルと結婚しにクルアハンの王城へ行く。そこで彼は湖の中の島に生えているナナカマドの枝を取ってこなければならない。それがメドヴ女王の意思なのだ。しかしナナカマドは恐ろしいドラゴンに護られている。枝を折り取って岸へ泳ぎ帰るところで、ドラゴンが追いつき、フロイヒの片腕を喰いちぎる。残っていた手でドラゴンの首を切るが、多量の出血のために息絶える（『ドラゴン神話図鑑』）。

79 ジョナサン・エヴァンズ『ドラゴン神話図鑑』による。

80 同前。

81 同前。

82 『ドラゴン神話図鑑』による。西洋以外にももちろんドラゴンはいる。ポリネシアにもドラゴンはいた。その地ではワニも蛇もいないので、トカゲやウナギやサメが混ざり合ってドラゴンのイメージを形成していた。モロカイ島に棲むサメ神ハウフフは、ウナギの穴というところに隠れている。また、トカゲ神モオは竜のように空を飛ぶ（『「物言う魚」たち』）。

83 李国棟によれば、竜と鯉はもともと同類だという（『龍の文明史』）。

84 李国棟は石田英一郎を引いて、北方黄河文明では竜馬＝天馬の観念が発達し、南の長江文明では河牛ー土牛の観念が発達したという。ただしいずれも水神である（同前）。

85 ナーガとガルーダの抗争は日本では竜と天狗の戦いになり、究極には蛇と鳶になる。そこではガルーダの餌食となっていたナーガが海と天を支配する竜となってガルーダ＝鳶に勝利する。

86 日本で竜神を祀っている有名な神社は千葉の龍神社、福井の毛谷黒龍神社、竹生島神社、明石の青龍神社、佐賀の五龍神社などであろう。諏訪大社は祭神はタケミナカタだが、竜蛇としてあらわれるとされる。

87 ロシアの昔話「カマスの言うとおり（カマスの命令）」は三人兄弟の末のおろかものが、カマスをとらえたものの、放してくれたらなんでも願いが叶うようにしてやるというので、カマスを放す。そして宮廷へ呼ばれると皇帝の娘が彼に惚れるようにカマスに頼む。あとは立派な宮殿を建て、本人も立派な王子になって王女と結婚する（『ロシアの民話』）。

88 美しい娘がいた。ある男がその娘を妻にするためにウナギに姿を変えて出掛けていった。娘は水を汲みにいってウナギを見て、気に入って連れ帰った。しかしうなぎはどんどん大きくなり、家では飼えなくなって、水浴場へ放した。するとウナギは娘の身体にまとわりついた。娘は逃げだした。ウナギは追いかけ、最後に死んだら頭を家の前に埋めるように言った。言われたとおりにするとココヤシが生えてきた（『「物言う魚」たち』）。

89 丑の日にウナギを食べるのは平賀源内の宣伝に始まるとされる。それに対してドイツでは夏至にはウナギを食べてはいけないという（『北の魚博物誌』）。ウナギは回遊魚だが、いまはもっぱら養殖ウナギが出回っている。我が国でウナギを養殖しだしたのは一八七九年という（同書）。なお、三島神社はウナギを神使としている（『ウナギの博物誌』）。

III 昔話・伝説の魚

90 水中の怪としては、河童が想像される。したがって、ほかの地域では蜘蛛の化け物が出てくる「賢淵」などの話で、「それは俗にいうかっぱ」のしわざだなどといわれる（『日本の民話』甲信越）。ちなみに河童は淡水の怪で、海の話になると河童は出てこない。甲信越などの海から遠い地域でも浦島の話などは語られるが、やはり亀が出てくる。もうひとつは山間部では塩サバのような加工品として魚が出てくる（サバ売り牛方など）。九州で語られる「いかとするめ」でも、「生きているときはイカで、死んだらするめ」などという（『日本の民話』）。「海の中ではイカで、山の中ではするめだ」とは言わない。漁師村のものでなければ泳いでいるイカを見たことがあるものは少なかったろう。干物か塩漬けでしか魚を見たことのない語り手もいたはずである。

91 蟹の仇討ちが次の「蟹報恩」のように鋏で敵をはさみ切るとか、「貝と猿」のように鋏で敵をはさんで海底へ引きずり込むという話にならないのが残念である。

92 『今昔物語集』では助けてもらった蟹が、仲間を大勢つれてきて蛇を退治したあと、いずくともなく去ってゆく。『上代説話事典』ではこの「蟹報恩」の話を山の神と海の神の闘争譚としている。『沙石集』にも蛇と蟹の闘争の話がある。

93 これはただの異類婚譚ではなく、神仏に祈って授かった異能の子の物語、申し子譚である。

94 魚女房でも蛤女房と同じ筋立てのものがあるが、群馬の「魚娘」は、助けてやった魚がきれいな娘になってやってきて、料理をつくるときに手伝いをした。「煮物をしてもとてもおいしく煮えると思ったら、魚の味がついて煮物がおいしかった」とだけ語って、その魚が帰ってゆくときには尻尾が短くなっていたという。婚姻の話も、味付けの秘密も語られない（『日本の民話』）。

95 その場合もその童子（鼻たれ小僧）が誰の子かといえば、竜宮の乙姫の子である蓋然性が高い。そしてその場合、その父親は木こりであろう。

96 河童の話では、キュウリ畑を荒らす河童がつかまって、手足をしばられたが、水の柄杓で頭をたたいたら、水が頭にかかって、馬鹿力がでて縄をぶち切って、左手を残して逃げて行った。翌朝、もう二度とキュウリをとらないから手を返してくれというので、返してやると、それから毎日、魚を四、五匹持ってきて、木鉤にかけていったが、木鉤を鉄の鉤に取り替えたところ、それっきりになったという話がある（『水の伝承』）。

97　柳田國男の『物言う魚』は各地の類話を紹介しているが、最後にジェデオン・ユエの論を紹介し、「ハンスの馬鹿」の類話に魚を釣ったところ、魚が口をきいて、助けてくれたら願い事を叶えてやるといったという話があるとしているが、これは「魚の王」などでもいくらでもある話で、放してくれたらなになにをしてやると、釣れた魚、あるいは人魚が言うところから物語が始まる例が少なくない。

98　日本の鯨については壱岐の国風土記に鯨伏の郷について、鯨が鰐に追いかけられてきて海岸に打ち上げられ、鰐ともども石になったとあるのが古い。この「鰐」が何であるかは不明である。左記石田論文ではシャチとみている。森田は森浩一を引いて、壱岐の鬼屋窪古墳内の線刻画が捕鯨船による捕鯨の様子としている。また根室市弁天島貝塚から出土した針入れに、十世紀前後の捕鯨の様子が描かれているとする石田好数の論文（「列島の捕鯨文化史」）を引いている。

99　リュウグウノツカイはときに十メートルを越える大魚で、太刀魚型の体型をしている。深海魚である。

100　ナマズの話では『今昔物語集』に、ある僧の父親がナマズになって苦しんでいるので、川へ放して欲しいと夢にあらわれて告げたにもかかわらず、そのナマズをとらえて料理して食べたところ、骨が喉に刺さって死んでしまったという話がある。

101　この話は魚の場合もあり、イタリアではミルテの木から娘が抜け出てきたりする。

102　この項、永谷恵（茨城大学）の平成十六年度卒業論文『亀の中国思想史―その起源をめぐって』による。http://square.umin.ac.jp/mayanagi/students/04/nagatani.html

103　あるいはイルカは祝福された人間の霊を死者の島に運ぶという（マーカタンテ『空想動物園』）。

Ⅳ　文学の魚・詩歌の魚

104　井原西鶴（一六四二～九三）。『世間胸算用』ほか。

105　上田秋成（一七三四～一八〇九）。『雨月物語』ほか。

106　この話の原話は『古今説海』の「魚服記」とされるが、それより秋成の作に近いものが『唐代伝奇集』（『続玄怪禄』）に「鯉になった役人」としてある。主人公が画僧と役人という違い以外はほとんど同じである。ただしこちらでは死んでいたのは二十日となっている（「魚服記」では七日）。

107　泉鏡花（一八七三～一九三九）。『高野聖』ほか。

108　海辺の怪異では鏡花には「貝の穴に河童のいること」もある。

109　海辺の怪異一般では磯女もときに目撃される。濡れた黒髪をたらし、その黒髪を人にからめて血を吸うという。浜辺にあらわれるほか、停泊中の船に上ってゆくこともある。これに魅入られた男は血を吸われて死ぬ。

110 幸田露伴（一八六七～一九四七）。『五重塔』ほか。
111 谷崎潤一郎（一八八六～一九六五）。『細雪』ほか。
112 小林秀雄（一九〇二～八三）。『無常といふこと』ほか。
113 井伏鱒二（一八九八～一九九三）。『黒い雨』ほか。
114 岡本かの子（一八八九～一九三九）。『鶴は病みき』ほか。
115 内田百閒（一八八九～一九七一）『百鬼園随筆』ほか。
116 太宰治（一九〇九～四八）。『斜陽』ほか。
117 柴田哲孝（一九五七～）。『下山事件　最後の証言』ほか。
118 吉村昭（一九二七～二〇〇六）。『戦艦武蔵』ほか。
119 戸川幸夫（一九一二～二〇〇四）、動物文学作家。『高安犬物語』ほか。
120 神坂次郎（一九二七～）。『黒潮の岸辺』ほか。
121 宇能鴻一郎（一九三四～）。『獣の悦び』ほか。
122 安部公房（一九二四～九三）。『砂の女』ほか。
123 岡野薫子（一九二九～）。『ボクはのら犬』ほか。
124 近藤啓太郎（一九二〇～二〇〇二）。『海人舟』ほか。
125 斎藤栄（一九三三～）、推理作家。『日本のハムレットの秘密』ほか。
126 田中光二（一九四一～）。『オリンポスの黄昏』ほか。
127 水死者やサメに喰われた人がサメに転生するというポリネシアの伝承が思い出される。
128 津村陽（一九二九～二〇一八）。『夢のまた夢』ほか。
129 北村けんじ（一九二九～二〇〇七）。『ハトと飛んだぼく』ほか。
130 鯨より長者が憎い。典型的なアンチヒーローの物語だ。銛の綱を切って鯨を逃がしたが、その背に乗った少年が生き延びる望みはない。しかしそれでいい。死んで鯨に生まれ変わるかもしれない。
131 大城立裕（一九二五～）。『カクテル・パーティー』ほか。
132 C・W・ニコル（一九四〇～）、日本国籍の作家。『風を見た少年』ほか。
133 太地には一年間滞在したほか、何度も訪れて取材をした。
134 小菅大雄（一九三六～）。『五郎の海』ほか。
135 川上弘美（一九五八～）。『蛇を踏む』ほか。
136 田島伸二（一九四七～）。国際識字文化センター代表、寓話作家。
137 千早茜（一九七九～）。『跡形』ほか。
138 ハーマン・メルヴィル（一八一九～九一）、アメリカの作家。
139 アーネスト・ヘミングウェイ（一八九九～一九六一）、アメリカの作家。『武器よさらば』ほか。
140 レイチェル・カーソン（一九〇七～六四）、アメリカの生物学者。『沈黙の春』ほか。
141 アーサー・C・クラーク（一九一七～二〇〇八）、イギリスの

SF作家。『幼年期の終わり』ほか。

142 ジュール・ミシュレ（一七九八〜一八七四）、フランスの歴史家。『フランス史』ほか。

143 ジェームズ・ヴァンス・マーシャル（一八八七〜一九六四）、オーストラリアの作家、旅行家。『美しき冒険旅行』ほか。

144 ディビッド・V・レディック（一九一一〜）。

145 ジャン・ケロール（一九一一〜二〇〇五）、フランスの詩人、小説家。『夜と霧』ほか。『海の物語』には拙訳あり。

146 ピーター・ベンチリー（一九四〇〜二〇〇六）、アメリカの作家。『ザ・ディープ』ほか。

147 コリン・シール（一九二〇〜）、オーストラリアの作家。『少年と海』ほか。

148 ゲイル・ハーマン（一九五九〜）。

149 シャマン・ラポガン（一九五七〜）、台湾の海洋文学作家。『大海に生きる夢』ほか。

150 金子光晴（一八九五〜一九七五）。『蛾』ほか。

151 萩原朔太郎（一八八六〜一九四二）。『月に吠える』ほか。

海底の貝のなかで眠っているウェヌス（左：オディロン・ルドン画）。このあとキュテラ島の沖合に浮かび上がり、誕生の時を迎える（右：サンドロ・ボッティチェリ画〔部分〕）

索　引

有名な歌川広重「名所江戸百景」のうちの一枚を題材とした滑稽画。誤って川に落ちた雷神から尻子玉を奪おうと河童が襲いかかるが、雷神も屁で応戦する（歌川広景画、1859年、ボストン美術館蔵）

著者紹介

篠田知和基（しのだ ちわき）

1943年東京生まれ。パリ第8大学文学博士。名古屋大学教授ほかを歴任。比較神話学研究組織GRMC主宰。

著書：『幻影の城－ネルヴァルの世界』（思潮社）、『ネルヴァルの生涯と作品－失われた祝祭』（牧神社）、『土手の大浪－百閒の怪異』（コーベブックス）、『人狼変身譚』（大修館書店）、『竜蛇神と機織姫』（人文書院）、『日本文化の基本形○△□』『世界神話伝説大事典』〔共編〕『世界神話入門』（勉誠出版）、『空と海の神話学』『魔女と鬼神の神話学』『光と闇の神話学』（楽瑯書院）、『世界動物神話』『世界植物神話』『世界鳥類神話』『世界昆虫神話』『愛の神話学』『ヨーロッパの形－螺旋の文化史』（八坂書房）、ほか多数。

訳書：ジョルジュ・サンド『フランス田園伝説集』（岩波文庫）、ジャン・レー『新カンタベリー物語』（創元推理文庫）、ジェラール・ド・ネルヴァル『東方の旅』（国書刊行会）、ジェラール・ド・ネルヴァル『オーレリア』『火の娘たち』『ローレライ』（思潮社）、ほか多数。

世界魚類神話

2019年6月25日　初版第1刷発行

著　　者　篠 田 知 和 基
発 行 者　八 坂 立 人
印刷・製本　シナノ書籍印刷(株)

発 行 所　(株)八 坂 書 房
〒101-0064 東京都千代田区神田猿楽町 1-4-11
TEL.03-3293-7975　FAX.03-3293-7977
URL: http://www.yasakashobo.co.jp

乱丁・落丁はお取り替えいたします。無断複製・転載を禁ず。
ⓒ 2019 Chiwaki Shinoda
ISBN 978-4-89694-262-0

関連書籍のご案内

世界動物神話

篠田知和基著

日本と世界の膨大な動物神話を読み解き比較する、著者渾身の大著！ 人間に関わりの深い動物に纏わる膨大な神話、伝説、昔話などを渉猟、その象徴的な意味を読み解き、日本と世界の神話を比較考察する。参考図版160点。　菊判　5400円

世界植物神話

篠田知和基著

私たちにも馴染み深い杉、欅、樅、桜、リンゴ、オレンジ、桃、蓮、百合、スミレから死の花ダチュラ、アンコリーまで、樹木や花、果実に纏わる各地の神話・昔話・民俗風習などを渉猟。日本とフランスの文学に描かれた植物についても考察する。　A5　2800円

世界鳥類神話

篠田知和基著

太古の昔、神は鳥だった―。世界を飛び翔け、天と地を結び、羽の彩りと歌声の美妙で人を魅惑する鳥をめぐる神話伝承を、「舌切り雀」「青い鳥」などの物語やボードレールらの詩、絵画の領域にまで探り、人間の大空へのあこがれを跡づける壮大な鳥の神話学。　A5　2800円

世界昆虫神話

篠田知和基著

忌み嫌われる芋虫には魅惑的な蝶への変態の奇跡が潜んでいる……虫の神話はメタモルフォーゼの神話である。世界の神話、民俗、昔話、小説、詩などを渉猟し、クモやサソリ、空想上のモスラ、王蟲までを含めた「昆虫」を探り、考察する。　A5　2800円

（価格税別）